译文坐标

“废除文科学部”的冲击

「文系学部廃止」の衝撃

〔日〕
吉见俊哉
|
著

王京 史歌
|
译

上海译文出版社

目录

第一章
“废除文科学部”的冲击

不胫而走的“废除文科学部”报道

媒体报道中的“废除文科学部”

2015年6月8日，日本文部科学省〔1〕向管下各国立大学法人〔2〕的校长下发了一份通知，题为《关于国立大学法人等组织及业务的整体调整》。不料这个通知

〔1〕日本于1871年设置文部省，1956年设置科学技术厅，2001年中央省厅重编，二者合并改组为文部科学省，简称文科省，管理教育、学术、体育、文化、科技、宗教等方面的行政事务。——译者（本书注释均为译注）

〔2〕指根据2003年制定的《国立大学法人法》的规定，以开设并运营国立大学为目的的法人。法人化后例如东京大学从管理角度而言的名称变为“国立大学法人东京大学”。

引发了一场“文部科学省要废除文科学部”的轩然大波，造成了强烈的社会冲击。我们首先来回顾一下事情的经过。

刊登于5月28日《产经新闻》的《国立大学文科学部及研究生院向缩小规模方向调整　文科省提出草案》，是相关报道中较早的一篇。报道依据的是27日文科省在国立大学法人评估委员会〔3〕上提出的草案，文章说文科省在会上展示了“要求人文社科及师范类学部、研究生院缩减规模、合并，乃至废除的通知草案”，通知的目的是“敦促各学部及研究生院按照政府提出的重点强化理科的经济增长战略进行重编，提高国立大学的功能”。“废除文科学部”这一表述，此时还没有正式出现。

6月8日通知正式发出以后，相关报道相继出现，在上述信息之外开始多了些倾向。6月8日《日本经济新闻》的文章《文科大臣向国立大学提出废除师范类等学部的要求》，称文科大臣下村博文向全国的国立大学法人“发出了要求废除或调整师范类及人文社科类学部、研究生院的通知”。与之前《产经新闻》的报道相比，“废除”这个字眼显得更为突出。

---

〔3〕依据《国立大学法人法》于2003年在文部科学省下设置的审议会，其目的是对国立大学法人及大学共同利用机构法人进行评估。

同一天的《朝日新闻》的措辞则是，“特别指出文学部、社会学部等人文社科类学部和研究生院，若无法培养社会所需的人才，则应予以废除，或是谋求学科领域的转换”。这一表述，比《日本经济新闻》更深入了一步。然而，撰写这则新闻报道的记者，很可能并不了解一个事实，那就是日本开设“社会学部”的国立大学仅有一桥大学，独此一家，从行文可以看出执笔时作者并没有对此进行确认。即使是将“社会学系”计算在内，也只有筑波大学开设了这样的“学系”，满打满算也就一桥大学和筑波大学这两所。在需要回应考生期待的私立大学中设立“社会学部”“交际学部”等院系的情况并不罕见，但国立大学很少开设这样的学部。

到了 6 月后半，“废除文科学部”这一话题继续发酵，媒体报道开始激化。例如《每日新闻》6 月 19 日的特辑中出现了《国立大学文科即将消亡？文科省敦促其组织重编》这样富有冲击性的标题，开篇就说“大学中文科与理科的划分一直被视为理所当然，而如今国立大学的文科却面临消亡的危机”，全力唤起读者的危机意识。报道还提到作为“废除文科学部”的背景，“‘产业界希望大学培养的人才来之能战，战而能胜’（文科省人士言）是其理由之一。安倍晋三政权视大学改革为经济增长战略的一环，提出应重点强化理工科，经团联〔4〕也对政府的这一方针表示欢迎”。产业界及政府“对理科的重视”使得“废除文科学部”这一信息具有了极强的现实感。

6 月 25 日《东京新闻》的报道《强迫国立大学重编或废止人文社科系列，意在封杀大学对权力的批评？》则更进一步。文章里说，“文部科学省于本月 8 日，终于向全国 86 所大学法人，发出了要求废除或调整师范及人文社科类学部、大学院的通知”。

文章还将这一通知与 6 月 16 日下村文科大臣要求大学入学及毕业典礼应升国旗齐唱国歌〔5〕的要求并置，指出“针对这一系列动向，教员方面有呼声认为这是‘现代的焚书’，是‘对大学自治的侵犯’”，显示出文

---

〔4〕一般社团法人日本经济团体联合会（Japan Business Federation）的略称，该组织是于 2002 年在原经济团体联合会（1946 年设立，其历史可以上溯到 1922 年设立的日本经济联盟会）及原日本经营者团体联盟（1948 年设立）的基础上合并而成，在日本产业界具有重要的影响力，其会长被戏称为“产业界总理”。

〔5〕1998 年起文部省强化了在教育现场升“日之丸旗”的同时齐唱《君之代》歌的指示，但以日本教职员工会（日教组）为首的教员们认为《君之代》是大日本帝国时代的国歌，歌词中含有崇拜天皇的内容，与战后的《日本国宪法》宗旨不符，因而对此坚决反对。因为二者的对立，1999 年发生了广岛县立世罗高中毕业典礼当天校长自杀事件。事件后政府于当年制定并颁布了《国旗国歌法》，正式规定“日章旗”为国旗，《君之代》为国歌，但没有强制性内容。日教组则针对在教育现场强制推行升国旗齐唱国歌的保守派及教育行政当局，展开了持续的反对运动。

章本身批判的态度。升国旗齐唱国歌的要求，并非文科省作为政府部门的意向，而是文科大臣出于个人身份的发言。严格来说，大臣的个人发言与文科省经过审议的方针不可同日而语，也许一般人并不了解其中的区别，但本应很清楚二者不同的媒体这一次却有意利用了人们认识上的混淆。

如此这般的报道相继出现，自然而然，“文科省竟有如此卑劣的企图！”“难道安倍政权要彻底毁掉日本的大学吗？”之类的谴责也就纷至沓来。

对文科省的集中炮轰

事发后，某位教育评论家评论道：“文部官僚们的想法，从根子上就不对。”正如这一典型发言所示，报道“废除文科学部”的一系列文章，使得“文部官僚都是些蠢货，所以才有这样混账的通知”之类的话语广为流传，本就伺机而发的对文科省的声讨很快汇成了一股潮流。在最初报道出现的大约两个月后的 7 月到 9 月，文科省遭受了集中炮轰。

比如，国内外公认的作为日本人文社会科学、生命科学、理学及工学所有领域学者及科学家代表的机构

“日本学术会议”，其干事会在7月23日发表了题为《对今后大学应有形态——特别是师范及人文社科类的存在方式——相关讨论的意见》的声明，指出文科省的通知“对我国人文社会科学的将来，对包括国立、公立、私立在内的所有大学的存在方式都将产生巨大影响”，而“特意选中人文社会学科，要求‘对其组织予以废除，或是向社会需求较高的方向调整’这一方针存在着极大的问题”，对此提出了严厉批评。

立场比较偏向产业界的《日本经济新闻》也在7月29日发表题为《弱化大学的“废除文科”通知之谬》的社论，认为该通知会让人产生“不能即刻有用即应废止”的理解，显得目光短浅，可谓行文不慎，因此敦促有司“及时撤回”。这篇社论另一个值得注意的地方，是在标题中以“废除文科”来概括文科省的通知内容。这一点8月23日《产经新闻》的报道《作为国立大学改革一环而下达的“废除文科学部”通知，是对是错？》也是一样，与最初的报道不同，已经将“废除文科学部”视为了文科省的既定路线。可以说，大众媒体不但是在无火之处平地生烟，而且这烟似乎还燃起了真正的火焰。

8月23日《读卖新闻》的《国立大学文科掀起重编浪潮，26校制订学部废除或重编计划》一文提到，通过问卷调查得知，“在开设文科学部的 60 所国立大学中，有 26 所，即近半数的大学计划在 2016 年度以后着手对文科学部的废除或重编”。接触到这一报道的多数读者，目睹文科省“废除文科学部”的通知这么快就成为了现实，恐怕都会以为“废除文科学部”已经是一个既成事实了吧。

海外媒体、产业界相继而来的批评

入夏以后，批评由国内扩散到国外，海外媒体也开始报道这一事件。

例如 8 月 2 日的《华尔街日报》以较大篇幅刊登了题为《日本从推进技术角度反思高等教育：缩减文科，加强重视科学研究及职业训练的商业课程》的报道。文章的大意是为了强化自然科学、职业训练等面向产业界的教育，日本的文科教育面临着被裁撤的命运，这是安倍政权推进日本经济增长计划的重要一环。因为海外媒体的此等报道，“日本政府计划‘废除文科学部’，这是对大学的一种‘焚书坑儒’”这一消息扩散到了全世界。

批评浪潮日益高涨，以至于作为日本产业界中枢的经团联也不得不对此发出声明。9 月 9 日，经团联明确表达了对该通知的异议。

“有意见认为本次通知是汲取了产业界需要具有即战力的人才这一意向的结果。然而，产业界真正需要的人才，不如说与此正好相反。一直以来，经团联多次在建议中强调，无论是理科还是文科人才，都需要在具备基本体力及社会公德心的基础上，拓宽知识面，培养发现和解决问题的能力、运用外语交流的能力、有逻辑地表述自己想法和意见的能力。（中略）当今的时代，需要的是能够以跨领域的思维解决全球性课题的人才。因此，理工科专业出身者也需要学习包括人文社会学科在内的多领域的内容，人文社科专业出身者也需要对尖端技术保持高度关心，掌握数学及理科的基础知识。”

如果真如之前的报道所说，通知是文科省在产业界的要求下发出的，那么见到这一声明，文科省恐怕会感到后背突然被捅了一刀吧。

文科省通知的真正内容

到此为止，我们简单回顾了一下媒体报道的发酵过程及其引发各方面批评意见高涨的结果。然而问题在于，大力抨击“通知”的媒体与知识分子中，有多少人真正通读了文科省的通知，并把握了其前后脉络呢？首先，文科省的通知是否意在“废除文科学部”？如果并非如此，为什么“文科省企图废除文科学部”这一解释会不胫而走？思考这一点，才能触及问题的核心。下面，让我们确认一下通知的真正内容。

问题主要出在 2015 年 6 月 8 日发布的文科省通知《关于国立大学法人等组织及业务的整体调整》中“第三，国立大学法人等组织及业务的整体调整”项目中的“1 组织调整（1）‘目标重设’下的组织调整”的如下表述。

特别是师范类学部及研究生院、人文社科类学部及研究生院，应充分考虑 18 岁人口的减少以及人才需求、教育研究水平的确保、国立大学的使命等要素，努力制订组织调整计划，积极尝试废除组织以及向社会需求较高的领域方向进行调整。

因为意料之外的舆论激荡而手忙脚乱的文科省曾辩解说，这次通知的要点是“师范类学部及研究生院”。从文科省的角度来说，考虑到 18 岁人口的减少，早在 2004 年国立大学法人化之前就一直强调要进行“师范类专业规模缩减及重编”，因此希望大家能“参考之前的相关文件内容，理解通知的脉络”。

饱受抨击的通知发布于 2015 年，正好是“中期目标、中期计划”更迭的时期。国立大学在法人化后，被六年一度的中期目标、中期计划牢牢束缚。就像当年苏联的计划经济一样，全国的大学步调一致地制订六年计划，接受评估，按达标情况受到表扬或批评。大学教员要花费大量的时间与精力准备“计划”或“评估”的相关文件，不得不牺牲本应完成的著述或学术成果。这样的状况始于第一期中期计划（2004 年 4 月起）起步前的 2003 年，2015 年夏天则迎来了 2016—2021 年度第三期中期计划的准备工作。

第三期中期计划，需要按照第二期（2010—2015 年度）中 2013 年 11 月制定的国立大学改革方案所示的“重设目标”路线，来制订具体计划。本次通知是作为“重设目标”的具体方针而发布的，但其要点与国立大学改革方案中的相关内容并无不同。媒体并未把握这一脉络，只是抽取通知的部分表述加以强调，给人造成一种通知是突兀出现的错觉。而从文科省的立场看，本次通知只不过是 2013 年方案中已有内容的翻版而已。

媒体记者中有多少人能够注意到近年国立大学的这

一“改革”潮流，并在其脉络之中理解本次通知，实在令人生疑。文科省通知的内容如果只是取其首尾，就会变成“师范类学部及研究生院、人文社科类学部及研究生院，应积极尝试废除组织以及向社会需求较高的领域方向进行调整”。估计不少记者都是如此断章取义，抽取主语与谓语直接相连的吧。一系列的相关报道，也许都是与脉络割裂的“主语”（文科学部）和“谓语”（废除）不断增幅的结果。

批评意见背后的潜在前提

通知的内容一年前便已公布

成为焦点的文科省方针，到底是什么时候出现的呢？本次通知中的内容，绝非 2015 年 6 月 8 日才从天而降。至少在此之前的 5 月 27 日，其草案就曾在国立大学法人评估委员会上出示过。实际上还要更早，近一年以前就公布过与通知内容相同的方针了。

在 5 月 27 日国立大学法人评估委员会的议事录上可以看到，文科省事务局表示，“去年 8 月经本委员会总会审议的《关于组织及业务整体调整的视点》，已于

9 月下发给了各法人”。此处的“各法人”指的是国立大学，也就是说，《关于组织及业务整体调整的视点》这一文件在本次通知前一年的 9 月，就已经发给了各国立大学。

“去年 8 月经本委员会总会审议的《关于组织及业务整体调整的视点》”，即 2014 年 8 月 4 日向国立大学法人评估委员会提出的《关于组织及业务整体调整的视点》（草案）。其中在“关于组织调整的视点”项目之下，与“‘重设目标’原则下的组织改革”“法科研究生院的彻底调整”并列，也提出了“废除师范类、人文社科类的组织及向社会需求较高的领域方向进行调整”。

“是否应该在‘重设目标’原则下尽快开展组织改革？特别是师范类学部及研究生院、人文社科类学部及研究生院，是否应考虑 18 岁人口的减少以及人才需求、教育研究水平的确保、国立大学的作用等要素，努力制订组织调整计划，积极尝试废除组织，以及向社会需求较高的领域方向进行调整？”这一具体表述与本次通知几乎完全相同。

这么看来，本次通知的内容在 2014 年 8 月就已经公开，同年 9 月就已经发给各国立大学了。当时，虽然《东京新闻》也曾刊登题为《文科将从国立大学消失？文科省下发改革方案》（2014 年 9 月 2 日）的报道，但各大报纸都未跟随，大学方面也没有对方案表示明确反对。然而，短短一年后的 2015 年夏天，媒体突然群情激昂，开始集中声讨文科省。

“废除文科学部”批评意见的背景

为什么虽然通知的实质性内容早在 2014 年 8 月已经公开，却在近一年后的 2015 年 6 月才突然成为了舆论的焦点呢？理由大致有以下三点：

第一，是 2015 年夏天的政治状况。这一年夏天安倍政权在国会强行通过了包含“集体自卫权”的安保相关法案。很多人认为这是违反宪法、无视法制规则的粗暴行为。在目睹了政府在安保法案问题上的强硬态度的人们眼里，这是一个胡作非为、崇尚暴力干涉的政权，要毁掉战后日本积累下来的，尤其是自由主义的传统。而下村文科大臣要求大学在开学及毕业典礼上升“日之丸旗”、齐唱《君之代》歌的复古主义的腔调，也强化了舆论界的危机感。

在同一时期，总建筑费用超过 2500 亿日元的东京新国立竞技场的建设也出现了重大问题，文科省及管理组织“日本体育振兴中心”的错失一一暴露于公众眼前。

通知公布的时间，正好是在这些问题导致人们对政府及文科省的不信任感大规模蔓延的时候。媒体及舆论有充分理由相信“安倍政权及文科省又要干什么坏事了”。

从媒体方面来说，与通知的内容首次公开的一年前相比，谴责政府的舆论气氛高涨这一背景，也强化了他们选择这一话题的动机。再加上通知本身纰漏较多，于是成为了绝佳的攻击对象。审视关于“废除文科学部”的一系列报道，可以看到是媒体主动将报道一再升温，试图将这一引人关注的话题与安保相关法案、文科大臣的国旗国歌要求、新国立竞技场等问题联动，将舆情的不满引向安倍政权及文科省，全过程一目了然。

本来媒体的责任是整理文科省通知背后的脉络，分析其意义，用浅显易懂的语言传达给读者。要做出这样的分析，就必须对近年日本大学改革情况有所理解。然而，一系列报道却在缺乏这一认知的情况下，简单迎合了批判政权的潮流，不去探讨通知的本意是否真是强行“废除文科”，只是将其与安保相关法案等捆绑在一起予以谴责，这一态度从新闻工作的角度来看颇为不妥。

第二，是文科省方面的失误。他们对 2014 年到 2015 年夏天国内政治状况发生的变化缺乏理解。同样的信息，因为接受者所处的环境发生变化，其意义也会完全不同，这本来是交际理论的常识，遗憾的是文科省缺乏这样的认识，因此在 2015 年照本宣科地抄录了前一年的文字。可是政治状况已然不同，媒体的态度、民众的感情也迥然相异，信息接收的方式发生了根本性的变化。

如果文科省方面能够敏锐地意识到在这一年夏天紧张的政治状况下，媒体正严阵以待，四方搜罗抨击安倍政权的材料，想必即使是同样的内容，也会更加谨慎地选择表述方式吧。其实只需对措辞略加调整，比如修改为“国立大学要思考面向未来时应该担负的责任，努力制订组织调整计划，积极尝试包括废除旧组织在内的彻底改革，以及向引领社会期待的领域方向进行转换”，虽然本质并未改变，但通知在世人眼中应该会变成一个面向未来的、积极向上的要求。

“挣钱的理科”与“不挣钱的文科”

第三点则是更为根本的问题。政府重视产业竞争力的大学政策，至少从 2004 年国立大学法人化前后就开始推行，其背景是似乎已被视为理所当然的“挣钱的理科”与“不挣钱的文科”这一对立，而大学方面也全盘接受了教育必须服务于经济发展这一前提。社会上形成了这样一种“常识”，即在文科学部学到的东西既无法帮助就业也赚不到钱，因此最是无用。人们即使嘴上不明说，但内心都觉得事实的确如此。这种想法普遍存在于广大国民之间，这才是最大的问题。

经济界以及媒体对本次通知的反应，其实只相当于也应肯定文科的价值这一程度的表态，认为文科省的通知有些过激而已。然而根本问题在于，过去十几年的大学政策都是建立在文科学部学到的东西百无一用这一误解上的。批评本次通知并非只是指责一下文科省就万事大吉，其中潜藏着极为重要的问题。“挣钱的理科”与“不挣钱的文科”这一对立成为了世间的“常识”，这才是隐藏在本次“废除文科学部问题”引发的事态背后的真正的根本性问题。那么，这一对立架构又是如何被建立起来的呢？我们不妨一起回顾一下其过程。

“重理轻文”构架的形成

国立大学的“文科”与“理科”

日本大学政策对文科的轻视，并非始于晚近。二战后日本政府一贯致力理工科的振兴，最迟在进入经济高速增长期之前，国立大学的组织结构就已经是以理科为中心了。今天，被称为“旧帝国大学”的大规模国立大学，其教员约七成是理科教员，法学部、经济学部、文学部等狭义的文科教员只占一成。国立大学中每 4 名教员中就有 3 名是理科教员，而教育学及师范类专业之外的文科教员，只有区区的 1/10 。远在所谓“废除文科学部”成为话题之前，日本的国立大学中理科就占据了压倒性的优势，也许称之为“国立理工医科大学”更为合适。

但日本的国立大学并非是自其肇始就以理科为中心的。中山茂《帝国大学的诞生》（中公新书，1978 年）一书中提到，在明治十九年（1886 年）帝国大学设立之前，以工部大学校为代表的官立职业学校占据了日本高等教育的中心地位，明治政府致力培养建设近代国家所必需的理工科技术官僚（technocrat）。但是在开设帝国大学的明治后期，文明开化的进程告一段落，工作重心也由国家的建设转向对现状的维持和管理。对法科类通才（generalist）的培养受到强化，高等教育的话语权也转向承担这一职责的法学部。

帝国大学的开设，拉开了政府部门精英为法科系所垄断时代的序幕，政府大学政策的重心也从理工科转向法科系。历经中日甲午战争、日俄战争，日本在法科系精英的治理下，致力建设帝国的法治秩序。

战争带来的重理路线

和平年代的国家治理依靠的是法律，国家的关键部门也由法科系精英占据。但随着战争的临近，法律渐被忽视，而生产武器需要调动技术力量，理工科的重要性与日俱增。20 世纪 10 年代之后，日本向总力战体制转变，为了增强军事上的即战力，加强了理科系附属研究所（设置于国立大学的研究所）的建设。

第一次世界大战后，特别是九一八事变之后，随着战争脚步声的临近，理科系研究所的开设数量激增。例如在一战的直接影响下，日本理科系研究所的霸主“理化学研究所”于 1917 年开设，紧随其后，海军飞机试验所（1918 年）、大阪工业试验所（1918 年）、陆军科学研究所（1919 年）等陆海军的各类研究所相继设立。大致同一时期，日本航空协会（1913 年）、土木学会（1914 年）、日本钢铁协会（1915 年）等理工科学会也纷纷成立。这些学会具有较强的政策游说团体（lobby group）性质，技术人员、工程学者也更加积极地对国家产业政策提出建议。其结果是科技政策与国家政策紧密结合，因帝国大学的开设而一度旁落于法学部手中的决定权，再次被理工科夺回。

这种重视理工科的体制，催生了 1940 年的《科学动员实施计划纲领》，为推进战争，日本政府制定了“选择与集中”的政策。日美开战迫在眉睫的 1941 年，内阁决议通过了《科学技术新体制确立纲要》，该纲要以“确立科学技术的国家总力战体制，谋求科学的划时代振兴及技术的飞跃式进步，同时培养作为其基础的国民的科学精神，以造就基于大东亚共荣圈资源的科学技术的日本性格”为目的，制定了“有计划地强制培养及调配研究者”“确保研究所需资材”“统一规格及标准化”“创设科技行政机构”“综合完善科研机构”等基本政策，可以说由此进入到了集结日本科学技术力量进行总力战的阶段。

这一时期建立的科技动员体制，在战争结束之后，随着社会目标转向了“经济发展”，其名称及组织形态也都发生了巨大的改变，但整体来说还是被继承了下来，并由此奠定了战后国立大学以理工科为中心的研究体制的基础。

依然被延续的战时研究预算体制

科学技术的预算机制，就是在战时出现并在战后依然被沿袭的体制的一个典型。日本巨额的科学研究经费，都处于设立于 1932 年的日本学术振兴会（JSPS）的管理之下。颇有意思的是，在该组织设立的前一年，一份提交给政府的振兴学术研究的建议书中有以下的内容：“（在世界性经济大萧条的状况之下），面对思想界、经济界、产业界的各种难题，除了振兴学术研究外，再无其他可突破难关的根本国策”。

为了在战争中取胜，必须增强产业经济的力量，而要达到这一目的，除了强化大学的科研能力外别无他法，这一逻辑放在今天强调“国际竞争力”的语境中也同样适用。与今天一样，当时这样的说辞对政府也有着强大的说服力。当局从 1933 年起设置了专门用于振兴科技的补助金，其规模十分庞大，大约相当于文部省〔6〕科学研究奖励金的 10 倍。这一补助金制度在战后也被延续了下来，如今成为大学竞争性经费的主要来源。不仅如此，譬如在二战中的 1941 年，补助金的 70% 由工科项目获得，而这一结构比例也一直延续至今。

二战中的日本抱着战胜美国这一明确的目的，以能够直接贡献于此的理工科应用型学问为中心，全力动员

〔6〕此处指现文部科学省的前身文部省。

大学的知识资源支撑战争，结果却是一切化为灰烬，国民遭受灭顶之灾。视目的为既定要求，一味追求作为工具的有用性——从这样的思考模式之中，无法产生“其实战胜美国是根本不可能的”这样对目的本身进行客观批评的视点。在那个时代，担负知识生产责任的大学本应该做的，不是跟风设立有助于提高军事技术水平的研究所，而是勇敢地指出大家正在追求的目标从根本上说是错的，从而转换价值标准，确定新的目标，开创出新的时代。

经济高速增长对重理观念的强化

战前奠定的重理基础在战后得到了进一步加强。无需赘言，其契机正在于经济的高速增长。

随着经济的恢复，产业界“为发展经济而振兴科技教育”的呼声也日益强烈。为了回应这一需求，文部省于 1957 年制订了《科学技术者培养扩充计划》，决定在原有基础上，新增总数为 8000 人的理工科本科入学名额。这一决定与 1957 年至 1962 年的“新长期经济计划”紧密相关，名额分配为国立大学 4000 人，公立大学 1000 人，私立大学 3000 人，并由此形成了优先发展理科的体制。当时处于冷战时代，美英苏等国先后制订了培养科技工作者的计划，日本的政策可以说是一种跟风。之后，大学理工科入学名额也一直保持增长。

这一时期，自民党在新政策大纲中强调要“纠正对法科、文科系的偏重”，制定了限制国立大学的法科、文科，大力发展理科的方针，作为执政党主导了从“重文”向“重理”路线的转换。实际上，从二战时起，日本大学研究预算及人员编制的重心就已经偏向理科，所以，这里的“转换”实质上是“强化”。在这一时代潮流中，岸信介内阁（1957—1960）的文部大臣松田竹千代曾主张废除国立大学的法科及文科，将其交由私立大学承办，国立大学则主要发展理工科，由此引起轩然大波。本次的文科省通知并非意在“废除文科学部”，这已经在上文中论述过了，但过去的确有文部大臣曾露骨地表示过“废除国立大学文科”的意向。

在之后的池田勇人内阁（1960 年至 1964 年）时代，科学技术厅长官池田正之辅对文部省发出了《关于培养科学技术者的劝告》，此后新增了 20000 个培养未来科技工作者的大学理工科录用名额。这一理科的扩招政策，与国民所得倍增计划、高速经济增长政策同步推进。而国立大学的文科名额，在大学入学者整体增加的情况下，其增长依然受到限制。其中一大重要因素在于私立大学的考虑。理科专业的建设需要实验设备等大量初期投入，对于规模较小的私立大学而言困难较大，相对而言开设文科专业较为容易，所以私立大学希望文科由自己负责，以此稳定自身的经营。私立大学的呼吁起到了作用，以“旧帝国大学”为中心的国立大学进一步向理工医科大学发展，无论是教员比例还是预算分配，都一边倒地偏向理科。

延续到后经济成长期的理科中心体制

这一倾向，即使在经济快速成长期结束以后也没有改变。进入 20 世纪七八十年代以后，理科依然受到政策的护佑，享受着预算上的优待，而文科整体而言仍然被排除在这样的保护政策之外。

内阁府设立的“综合科学技术会议”，就是一个体现出这种延续性的显著例子。战后日本的科技政策是以核技术为中心发展起来的。20 世纪八九十年代以后，核能的风险问题就已被提上议事日程，却没能避免 2011 年福岛第一核电站事故的发生。对于与科学技术相关的各种组织而言，如何在核能政策的转换之中，确保数额巨大的科技预算，成了它们在这一时期的最优先课题。在这样的背景下，1995 年实施了《科学技术基本法》，2001 年设立了“综合科学技术会议”。虽然以核技术为中心的体制走到了尽头，但以科技为中心的体制必须维持下去，我们从中可以感受到这样强烈的国家意志。

而本来与理科同属“科学”的文科，却一直被置于“振兴科学”的对象之外。科技政策的预算只下拨给理科。2000 年时，科学技术厅管理下的大规模项目也明文规定文科没有申请的资格。

1995 年为了进一步发展科技而实施的《科学技术基本法》，在第一条中开宗明义地规定该法所谓“科学技术”要排除“只与人文科学相关的内容”。因此在基于该法的“关于科技振兴的基本计划（科学技术基本计划）”中，并不包括针对人文科学的振兴政策，这一认识也使得文科与理科的预算分配变得极不均衡。从“废除文科学部”的角度而言，“文科”早在这一时期就已经被边缘化了。

对科学技术政策偏重理科的异议

为了改变这一倾向，日本学术会议在 2001 年发表了题为《21 世纪人文社会科学的作用与重要性》的声明，文中提到："目前对科学技术这一概念的理解偏重于自然科学，为保证不同学科的研究环境而提供的条件也极不平衡，这一现状不但阻碍了人文社会科学的创造性发展，也将对自然科学的发展造成负面影响。（中略）因为（人文社会科学）能够以不同于自然科学的出发点与方法，对科学技术的发展做出独特的贡献。"

这是对日本的科技政策没有认识到人文社会科学发展潜力的批评。紧接着，声明具体强调了文科的独特作用："人文社会科学以人及社会为研究对象，必定要考虑人们的动机和价值判断。因此，无论是构建可持续发展乃至循环型的社会，还是在生命科学中面对克隆人、转基因食品、产前诊断、基因个人信息等问题，无论是思考信息技术带来的光与影，还是处理现实社会的各种纷争，在设计解决这些问题的综合性方案时，都应该重视人文社会科学的作用。"

最后，声明提出了以下建议："为了改变科学技术文明的现状，我们需要全新的，超越文理二分法的具有统合性、融合性的知识。为此，包含基础研究在内，自然科学与人文社会科学的协调发展甚为重要。"

这一声明传达了这样的信息：将文科与理科对立起

来，只向理科投放预算的结构存在着根本性问题，为了改变这一状况，首先需要创造出文理统合、融合的新领域。尤其是“敦促人文社会科学实现其社会职责，即把握人的本质，丰富人们的精神生活。为了达到这一目的，纠正自然科学与人文社会科学之间不断扩大的研究体制及研究条件上的不均衡，积极推动人文社会科学的振兴”、“为了科学技术的整体发展，需要让人文社会科学成为统辖科技综合战略的核心”等内容，实际上是一种紧急宣言，强调在文理预算悬殊的状况下人文社会科学难有健康发展，纠正这种不均衡已成为当务之急。

这些内容在 15 年后的今天依然有着强大的说服力。但改变预算分配体系必然会影响既得权益，难以一蹴而就。除非预算总额有所增加，能够在不减少理科预算的前提下增加文科的配额，否则很可能只会是纸上谈兵。本来应该由处于政治权力中枢或产业界领导地位的人主动作为，承认“这个想法是对的”，自上而下推进预算分配体系的改革。遗憾的是，领导者因循守旧，政权更迭后的民主党也难以发挥引领作用，重理轻文的倾向反而变得更加严重。

法人化后愈发悬殊的文理待遇差距

国立大学法人化成为决定性一击

2001 年日本学术会议发表声明之后，情况并没有发生多大变化。不但如此，2004 年的国立大学法人化进一步扩大了文理之间的待遇差距。法人化的基本方针公布于 2001 年 6 月，其中明文指出师范类学部、研究生院需要缩减规模，进行重组。重组文科、大幅削减国立大学数量、引入竞争原则并实行第三方评估、根据评估结果有重点地分配资金等方针，在 2000 年前后就已经制定，本次通知实际上只是老调重弹而已。

本次“废除文科学部”问题，可以说是发生在伴随国立大学法人化建立的架构及其问题的延长线上，因此，我们需要思考国立大学法人化这一制度的目的所在。

关于国立大学法人化的问题，在 20 世纪 80 年代的临时教育审议会上已初露端倪，在 90 年代到 21 世纪初也有过热烈讨论，2002 年 3 月的最终报告《新“国立大学法人”像》对此进行了总结。同年 11 月内阁审议通过，次年 7 月国立大学法人法相关六法[7]出台，2004 年 4 月国立大学改组为国立大学法人。

观察在这一过程中的具体提法，可以注意到一些情况，例如 2001 年 6 月名为《大学（国立大学）结构改革方针》的文件中，作为“大胆推进国立大学的重组及统合”计划的一环，就已经出现了应对师范类专业进行规模缩减和重编，大幅削减国立大学的数量等内容。成为本次“废除文科学部”骚动导火索的 2015 年 6 月 8 日通知，与之极为相似。

文件指出法人化的目的是“将民营思维的经营手法导入国立大学”，“引入竞争原则，实行第三方评估”。具体而言，提出了“导入包括专家、民间人士参与的第三方评估体系”“根据评估结果进行资金的重点分配”“扩充对国立、公立、私立一视同仁的竞争性资金”等与预算直接相联系的方针。这一预算分配制度，事实上强化了此前预算偏重理科的倾向，为什么这样说呢?

国立大学法人的预算，大而言之分为两部分，一是基础性的“运营费拨款”，二是根据各研究项目的社会

〔7〕具体指《国立大学法人法》《独立行政法人国立高等专门学校机构法》《独立行政法人大学评价及学位授予机构法》《独立行政法人国立大学财务及经营中心法》《独立行政法人媒体教育开发中心法》《关于完善国立大学法人法施行配套法律之相关法》等 6 部相关法律。

评价决定的“竞争性资金”。运营费拨款与第一期中期计划（2004—2009 年度）、第二期中期计划（2010—2015 年度）、第三期中期计划（2016—2021 年度）这样六年一度的中期计划密切相关，根据对达标程度的评估决定各个国立大学的预算分配。本次通知发出的 2015 年 6 月 8 日，正是总结第二期中期计划，决定第三期中期计划大方向的关键时候。

中期计划由文科省与国立大学协商并最终确定，全国的国立大学则按照计划设定的目标制订各自的六年计划，各个国立大学制订的中期计划由第三方机构国立大学法人评估委员会进行评估，根据其结果分配预算，这一过程六年重复一次。带有强烈“为计划而计划”性质的这一制度，简直就是当年苏联“五年计划”的翻版，这一点前面已经提到了。虽然为了保证大学之间的竞争原则，国立大学法人评估委员会中也有民间人士和专家加入，但作为自上而下的调整机构，委员会的基本构成并没有重大变化。

加速文科走弱的机制

国立大学法人化后，运营费拨款以每年 1% 的幅度递减，如今的预算总额比起法人化之前，已经缩减了

10% 以上，“国立”这一基础也随之变得薄弱。其背景当然有着日本经济整体萎靡不振的因素，经济总量这个大蛋糕在不断缩水。但考虑到同一时期竞争性资金不减反增，拨款的减少与其说是单纯反映了经济总量的缩小，不如说是反映了新自由主义政策之下教育研究的公共基础受到了侵蚀。

受此影响，所谓“选择与集中”政策在各地的大学大行其道。难以见到成果，缺乏获得资金能力的学科，被弃如敝屣，而对看上去具有优势的学科，则不惜重金投入。在这样弱肉强食的逻辑之下，“无用”的文科自然是举步维艰。虽然如此，运营费拨款的持续削减并不是文理待遇差距进一步扩大的直接原因，因为这对文科和理科同样有负面影响，都是沉重的打击。

更重要的是与此同时，运营费拨款之外的预算，即竞争性资金，在国立大学法人化之后，总额持续增加。竞争性资金由两个部分组成，一是企业的合作研究或捐款，二是来自政府的特别经费。就整体而言，竞争性资金的增加额度，相当于运营费拨款减少额度的两倍以上。法人化后，运营费拨款逐年减少，而竞争性资金持续增加，可以说是这 10 年来的大趋势。

然而，竞争性资金并非各个大学、学部及研究科只需静心等待便可从天而降的馅饼。企业的合作研究或捐款自不必说，就是政府资金，也是先要由各部委或是手握经费的机构提出需求，然后众多大学的顶级学者为此绞尽脑汁，牺牲自己的研究时间，在事务职员的全力相助下填写预算申请书，再经过申请材料的重重审查，由校长或是学部长亲率事务职员前往文科省或相关机构进行现场展示后才能到手。如果有幸拿到预算，接下来在大学内部又将展开一场围绕预算分配的激烈竞争。这样的情况慢慢变成了一种常态。

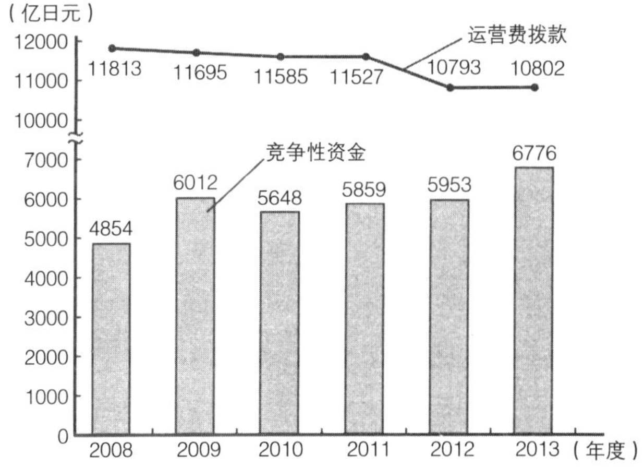

根据文部科学省资料作图

图1　运营费拨款与竞争性资金等的获得状况（到账金额）

在竞争性资金中，众多大学尤为重视的是“特别教育研究经费”，这是通过“概算要求”这一竞争性过程来决定最终分配的预算，在国家财政分类中属于“特别运营费拨款”的一部分。情况说来有些复杂，如果将这一“特别运营费拨款”简单地与上述的“一般运营费拨款”看成一回事，就会产生“运营费拨款”并未大幅削减的错觉。但这只是错觉。作为大学的运营基础而分配到各国立大学的狭义的“一般运营费拨款”，与各个大学或院系通过相互竞争才能获得的“特别教育研究经费”，是两回事，后者就性质而言是“竞争性资金”的一部分。

法人化后，预算作为国立大学的运营基础，其重心从运营费拨款向竞争性资金转移，这与文科的走弱息息相关。因为与文科相比，理科在以下三个方面更具有获得竞争性资金的优势。

首先，一般而言，理科的研究比文科更容易得到预期的结果，而且所需的时间也相对更短。多数的理科研究都能够阐明“按这一计划可以得到这样的结果，在这一时间内可以达到这样水平的目标”这类信息。而文科的研究多数情况下很难提出这样明确的目标或成果，甚至不少研究比起确定的成果更多强调的是其学问上的意义。第二，多数情况下理科研究的预算规模要远远大于文科的研究。同样的项目数，就研究预算带给大学的“经济效益”而言，理科和文科之间有着天壤之别。第三，一般而言，理科的研究讲究团队合作，文科的研究则多为单打独斗，因此争取竞争性资金这样需要团队合作的事情，理科学者更容易发挥优势。

法人化后文科与理科的巨大差距，比起运营费拨款，更多体现在获得的竞争性资金上。就大学而言，理工科大学还算勉强能在整体上维持基本的预算规模，但教育类大学则是每况愈下。

教学与科研能力双双下滑

国立大学财政基础的上述变化，最终带来了怎样的结果呢？文科省的文件《国立大学法人化后的现状及课题（中间报告）》（2010 年 7 月）对此作了总结。这一文件是在国立大学法人化 6 年后，为弄清“国立大学法人化后的状况”，调查和分析法人化后国立大学的具体现状，听取有识之士的相关意见后提出的。

概要中关于“法人化后的状况分析”这一部分，列举了诸多问题。首先，“法人化后，在编教员的人员费用减少，编外教员的人员费用剧增”。这说明在运营费拨款大幅削减后，原有的在编规模难以为继，其缺口只能依靠编外教员填补，固定期限下不稳定的教员岗位大为增加。

第二，文件指出，从 1998 年到 2007 年期间，人文学领域的教员人数在私立大学增加了 7.8%，而在国立大学却减少了 11.4%，也就是说国立大学的文科教育力量被极度削弱。可以看出，法人化后愈演愈烈的“选择与集中”之风对往往被认定为“无用”的文科造成了严重的影响。

法人化后被削弱的不仅仅是文科的教育力量。文件中指出的另一个问题，是科研经费与科研时间间的反比关系。

具体而言，法人化后“合作研究、竞争性资金的获取金额、科学研究费辅助金的获取金额等大幅增加”，获取经费成为最重要的事，研究者也变得越来越像“企业家”。在运营费拨款一路下滑的情况下，为了吸引优秀的青年学者，竞争性资金变得不可或缺。而且，这些资金大都是以 5 年为限，如果无以为继，目前在聘的青年学者们就将面临失业。于是，殚精竭虑获取“下一笔资金”成为持续的刚需。研究者们不得不耗费大量的时间与精力来准备竞争性资金的申请资料以及审查环节的口头说明，无暇顾及自己本应推进的研究。

其结果是“科研时间及学术论文的数量显著减少。

教员负担的增加、对基础研究的影响、大学之间的差距等问题令人忧虑”。为了获取竞争性资金，大学的研究者几乎都要变成风险企业家了，在获取资金方面技巧愈发纯熟，但作为代价，关乎根本的科研能力却大大下滑。理科因为是团队合作，还可以进行内部分工，有人负责申请资金及管理，有人专注于推进研究。而以单枪匹马的个人研究为主的文科领域，科研经费增加的同时必然伴随着科研时间的减少，二者之间呈现出赤裸裸的反比关系。

“重设目标”与文科的未来

反复被要求的“组织调整”和“功能分化”

那么，该如何强化国立大学的教学及科研能力呢？存在的问题已然清晰，文科省及中央教育审议会（中教审）开出的药方是“组织调整”。2015 年 6 月 8 日的通知中也有“组织调整”这一表述，这也是文科省近年一再强调的内容。

在 2017 年 7 月的文件中，文科省也鼓励“对于各法人适应社会多元化需求及学术发展的教学科研组织进行调整，通过运营费拨款的分配等形式给予积极支持”。简单说，就是对表现好的学校予以预算支持，对旧态依然、对改革不积极的学校则削减预算。文件还提到，“为满足社会需求、适应时代变化，应充分发挥法人化的优势，根据各法人的规模、特点，积极调整必要的教育研究组织”，即强调了“组织调整”的必要性。

与此同时，与“组织调整”互为表里，“功能分化”这一概念也浮出水面。例如国立大学法人化一年后的2005 年 1 月，中央教育审议会的报告《我国高等教育的未来面貌》中，就已经指出了以下的组织调整的基本方向：

就整体而言，大学同时具有①作为世界水平的教育研究基地，②培养高度专业化的职业人才，③培养广泛领域的职业人才，④进行综合性素质教育，⑤进行特定专业领域（艺术、体育等）的教学及研究，⑥作为地区性终生学习基地，⑦贡献社会［地区贡献、产官学（企业、政府、学校）合作、国际交流等］等多种功能，但每个大学的选择不同，拥有的功能及各功能的比重也各不相同。这一功能比重的差异是各机构个性、特色的表现，大学之间也将会逐渐出现功能上的分化［例如以研究生院为重点的大学，或是文理学院（Liberal Arts

College）型大学[8]等]。在18岁人口徘徊在120万人规模的当下，各大学需要明确自身作为教学科研组织的经营战略。

这也就是说，要放弃不让一人掉队的“护送船队方式”，转而让大学根据各自的“功能”向个性化发展。报告中还提及大学的“经营战略”，指出今后大学要在竞争原则下求生存，因此需要树立明确的经营战略，重点强化有未来潜力的学科领域。

国立大学的危机

如上所述，2015年夏天因为通知骚动而浮出水面的几乎所有论点，基本在2004年国立大学法人化前后都已经出现。不如说真正的问题在于，早在约15年前，这些问题点与需要解决的课题就已经一目了然，但许多国立大学却似乎并未就此推进行之有效的改革。“积重难返”是国立大学的另一个根本性问题。

[8] 文理学院型大学，起源于美国，以本科教育为主，注重全面综合教育，课程设置以基础学科为主，涵盖人文艺术、自然科学、社会科学等门类，区别于以科学研究为导向的综合性大学或以职业培训为目标的职业技术学院。

进入 21 世纪后的 15 年中，日本国立大学面临的形势日益严峻。2013 年 11 月文科省提出了“国立大学改革方案”，这是 2015 年 6 月 8 日文科省通知的基础。其中将现在国立大学所处的环境总结为三点：第一是全球化，具体而言是指大学在教学和科研两方面所面临的越来越激烈的全球化竞争；第二是高龄少子化；第三是新兴国家崛起带来的日益白热化的知识人才争夺战。

“国立大学改革方案”指出日本的国立大学正处于严峻的环境之中，其改革的方向有以下四条：

（一）对应全球化；

（二）不断创新；

（三）强化人才培养功能；

（四）重点发展各大学的优势、特色（大学的功能分化）。

其中最为引人注目的是第四条即功能分化。这一内容后来演变为 2015 年 6 月 8 日通知中的“重设目标”，具体而言，目标可以分为三种类型，分别是世界最高水平的教学科研基地（前沿研究基地）、全国性的教学科研基地（培养引领亚洲的技术员、经营者）和促进地区发展的核心基地（地域社会的智库）。文科省要求各国立大学在这三种类型中找到自己的定位，重设自身的目标。

所谓“重设目标”，是指重新定义大学的自我认知。

比如医学部，要求其“对应重度老龄化及全球化的状况进行人才培养和医疗创新，实现健康长寿社会，从这一角度强化自身功能”。工学部则应“培养作为经济增长推动力的人才，推进对应产业结构变化的研究开发，在《理工科人才培养战略》（拟称）的指导下，以研究生院为中心，促进教学研究组织的重编、调整，强化其功能”。总而言之，理工医学系列的目标重设，大都是往发展扩大的方向而去。

而师范类学部的“重设目标”中，虽然也有“重点向教职研究生院〔9〕输送人才”“向实践型课程设置转换”“增加有学校一线教育经验的大学教员的聘用名额”等内容，但基本方向是“在总量缩小的情况下，为提高初中等教育教员的质量而强化自身功能”，即是以组织缩小为前提的。

缺乏方向性的文科改革

在“国立大学改革方案”中，按照学部的类型，列举了若干目标重设的事例。理工科的方向比较明确，而

〔9〕日本于 2008 年正式设置“教职研究生院”，即大学内专门培养教育硕士的研究生院。

考虑到少子高龄化社会的状况对教育学类组织提出的缩小规模的要求，虽然与理工科正相反，但方向本身也是明确的。

问题在于除了教育学类组织外，对于其他人文社科类组织没有提示任何“重设目标”的具体事例。文科省认为人文社科类的学部还是有存在的必要，在各种文件中也反复提及了这一点。但对于为了让文科继续存在下去到底应该怎么做，却没有任何方向性的指示。

在多数人文社科的组织中，每一个研究者都相当于一国一城之主，这一状况也对现状产生了深刻的影响。与具有鲜明的组织或团队原则的理科不同，文科更多情况下是单打独斗，即使是大学的领导层甚至文科省的命令，如果个人觉得没有改变现状的必要，也不会轻易附和。工资受到保障的终身制教员，立身之本是稳固的，用不着勉强去改变组织。

但这样下去，自然难以在争取新的研究经费的竞争中胜出，组织的经济基础将会不断弱化，在日益窘迫的环境中，也更容易采取防御性的态度，不求发展，只求守住自己的领地。坚守勉力保存下来的国立大学文科学部的传统，与欲改变的力量作斗争，成为 2004 年国立大学法人化之后文学部及其教员越来越坚定的选择。但是，这种态度既无法扩大已渐趋缩小的预算规模，也难以开拓通向未来的光明道路，同时造就了政策制定者法人化后国立大学“文科的组织改革很不成功”的不良印象。

2008 年 3 月的中教审报告《朝向学士课程教育的构建（审议总结）》就是这样一个例子。报告指出，“在我国的本科教育课程中，人文社科类学生人数约占全体学生数的一半，但这一领域教育课程体系化、结构化的努力还很不充分”。但即使面对这样的指责，文科学部也没能从内部产生摆脱这一危机状况的积极行动。

对于 2015 年 6 月 8 日的通知，也有意见认为，这是文科省的一种恫吓，其目的是逼迫“文科作出更大的改变”。不管这种说法正确与否，面对不思进取的文科学部，文科省颇有些束手无策，这恐怕是事实。

被“创新”潮流遗弃的文科

安倍晋三第二次组阁〔10〕后，针对大学教育这一课题，除了一直以来处于日本大学教育政策中心的中教审之外，“教育再生实行会议”和“产业竞争力会议”这

〔10〕第二次安倍政权持续时间为 2012 年 12 月 26 日至 2014 年 9 月 3 日。

两个有识之士组成的机构也拥有很大的发言权。

在此类机构的议论中，最引人注目的是“创新”（innovation）这个关键词，而这正是理科主导下推进的政策方针。

例如，产业竞争力会议在 2014 年 12 月提出的“创新观点下大学改革的基本思路”中指出，“为了实现中长期持续的经济增长，（中略）需要强化拥有技术资源的大学的知识生产功能、创新能力及人才培养能力。加快大学改革，是实现经济增长的关键所在”，并且强调“通过重点扶持那些锐意改革的大学来促进大学（大学之间及大学内部）的竞争”十分重要。这里可以看到一种被反复强调的思路，即国际竞争力的基础是创新，而创新能力来自大学的基础力量，因此必须加强对大学基础研究的支持，通过对预算的分配倾斜，进一步促进大学间的竞争。

其中的逻辑是，“如果不进一步加大对大学研究的预算投入，日本就没有未来”，这也是来自理科的大学人士的强烈诉求。虽然不如文科明显，但理科同样也需要面对法人化带来的基础性科研能力的危机，这可以说是为了应对这一危机而提出的战略。

具体而言，该机构提议将少数顶级大学建设为“特定研究型大学”，“创设卓越研究生院、卓越研究员制度，培养能够肩负日本未来的优秀人才”。在这一制度下，青年学者的聘用期不再像现在这样以 3 年或 5 年为限，而可以“保持一定规模的长聘研究员”。

关于国立大学法人化后的大学，中教审、产业竞争力会议、教育再生实行会议提出了多种多样的设想，从理科立场出发确立了加强日本大学创新能力的基本方向。而文科却被这一大潮遗弃。但讨论文科在加强创新能力上的作用这一方式本身是有局限性的。因为文科从本质上说，包含着与所谓“创新”完全不同的价值尺度。那么文科在超越单纯创新的价值尺度上，能够提出怎样的具体方向和有效的振兴方策呢？目前针对这一问题的意见十分模糊，谁都无法回答出“文科该怎么做”。

“废除文科学部”骚动中的事实

综上所述，本章的内容可以总结为以下五点：

（一）扩大“废止文科学部”论的是媒体。

（二）“考虑废除师范及人文社科类专业的组织调整”这一课题，早在多年前就已经在伴随国立大学法人化的“目标重设”潮流中提出，并非是 2015 年 6 月才突如其来出现的。

（三）在法人化后，国立大学重视①获得资金的能力，②创新能力，③应对全球化挑战的能力。在这一大学改革潮流中，众多措施都是从理科的角度出发的，文科已经被时代所遗弃这一认识渗透到了整个社会。

（四）社会上弥漫着“理科有用，文科无用”这一认识。

（五）无论是文科省、媒体，还是政府的各类机关，都无法对今后的“文科”振兴提出具体而有效的方向。

文科省在 2015 年 6 月 8 日的通知中并未提出“废除文科学部”。这一说法之所以广泛流传，其罪魁祸首是媒体，它们对通知的背景缺乏把握，也毫无理解，只是将其作为批评安倍政府的一个口实，不断煽风点火升级报道，导致了这一结果。

但日本国立大学文科所处的环境十分严峻是不争的事实，文科学部自身也问题多多，因此“废除文科学部”的报道有充分的理由被人们当真。普通人心目中“理科有用，文科无用”的印象在这一过程中发挥了重要作用。本书的目的正是指出这种印象的谬误，并在此基础上探讨文科在今后大学教育中的方向性。

从第二章开始，本书将针对上述第四点和第五点展开讨论。在大学人士对本次通知的批评中，有一种论调是“文科也许无用但有价值，因此不能轻易抛弃”。但这种说法证明文科相关者自己已经接受了“文科无用”这一“常识”，这是很大的问题。如果不能颠覆这种根深蒂固的潜意识或者说“常识”，文科学部就无法与一切取决于“是否能挣钱”的新自由主义大潮相抗争。

第二章
文科亦有用

“有用”的涵义

“虽然无用，但有价值”的真伪

本章首先想厘清第一章中提到的“理科有用，文科无用”这一认识中存在的问题。

在本次反对“废除文科学部”的言论中，拥护文科，主张“文科无用，但无用之物也很重要”的论调颇为醒目。《周刊金曜日》（2015 年 8 月 21 日）刊载的寺胁研（京都造型艺术大学教授）与广田照幸（日本大学教授）的对谈《大学的职责不是挣钱！》，就是其中一例。下面介绍其中的一部分。

寺胁：我可以拍着胸脯说，“我在大学教授的漫画论、电影论，都是百无一用”。与什么“经济效果”，也是“毫无干系”。全国的大学老师们，都应该这么说。

广田：大学不是“经济”的工具，确实是这样。我想强调的是，要求人文社会学科具有“经济效果”的意见虽然毫无道理，但短期暂且不论，长期而言，文科也是实实在在有这样的效果的。

寺胁：但是漫画论也好，法国文学、印度哲学也罢，跟“经济效果”完全是两码事，人们至少应该具有这种认识。（中略）

广田：不不不，哲学恰恰是新思维的宝库。哲学用抽象概念对现象的本质进行逻辑性思考，从长期来看，这一思考能够产生新的创意。在这个意义上，即使是从“经济效果”的角度看，也是有意义的。

二者的立场，在“文科很重要”和“不应以短期经济效果衡量文科的价值”上是一致的，但就根本而言，在文科是否应该具有社会效益这一点上，则大相径庭。寺胁认为“肯定文科价值时完全无须顾及经济效果”，而广田则主张“文科在长远及广泛的意义上有着充分的社会效益，应该明确展现出这一点”。

针对文科省通知的一系列批评中，不少人立场与寺胁相同，强调“对社会‘有用’，不是大学而是职业训练学校的责任”。但大学的学问真能完全不考虑社会有用性，只需对研究者而言具有“本质上的”价值吗？我认为并非如此。

以“文科虽然无用但有价值”的方式反对“文科无用，不妨弃之”的意见，是无法与“理科有用，所以有价值”这样的逻辑对抗的。因为这样一来，“文科”能够主张的立场，充其量也只能是为“理科”的有用性锦上添花而已了。而正像广田主张的那样，对于长远而广泛的未来，文科才是最“有用”之物，应该利用更多机会向人们展现文科在现实中的“有用”。

大学并非为国献身的机构

知识分子对“有用”常常抱有一种抵触，在对文科省通知的批评即将爆发的前夕，他们对安倍首相就国立大学升国旗齐唱国歌一事显示出的高压式态度的反感与此有共通之处。安倍表示“考虑到（国立大学）是依靠税金运营的，理应正确执行新教育基本法的方针”（4

月 9 日，参议院预算委员会）。简单说，就是主张“既然是国家出钱，国立大学就应该为国家服务”。

但这一主张犯了好几个错误。首先，国家的税金来自国民，如果说因为使用税金而产生了义务，那也应该是面向国民的说明责任，即有责任面对国民说明各国立大学是按照怎样的方针选拔学生、教育学生，并向社会输出人才的。这才是国立大学对纳税国民应尽的义务。何谈“因为使用的是税金，所以要为国家服务”呢？

问题还不仅于此。我在此使用的是“说明责任”这个词，也就是说即使是依靠国民的税金运营，国立大学也并非是为实现国民的愿望或要求而服务的组织。例如，广大日本国民都期盼日本学者能够获得诺贝尔奖。但国立大学如果因此去改变研究体制，以期尽量多的日本人获奖，那么无疑是典型的本末倒置。对于大学而言，诺贝尔奖是结果而非目的。大学与奥运选手训练机构那样的组织，有着本质的不同。即使获得世界级奖项和巨大国际声誉的大学学者层出不穷，大学的目的也绝不在此。

私立大学的情况也是如此。对于私立大学而言，学生的学费是大学预算的重要部分，但如果因此就按照缴付学费的学生及家长的愿望或要求来安排教育，给出成绩，那么大学的教学科研水平一定会每况愈下。当然，不管如何，大学都担负着对学生及家长的说明责任，但有义务进行说明不等于应该为之服务。

在这一点上，大学与一般的企业、商铺有着根本性的不同。大学的目的、价值，既不是培养顺从于国家的学生，也不是将学生教育成其父母期待的样子。大学对家长或国民负有义务，要将学生培养成为出色的人，但“出色”的标准未必与学生家长或普通国民的一般性认识一致，也不应该屈从于这样的认识。

大学应献身于人类的普世性

重要的问题是，所谓“有用”，不应限定于单纯有利于国家或产业界的狭隘范围。大学拥有比国民国家〔1〕或是近代企业更为古老的历史，并非是为了服务

〔1〕国民国家是 nation-state 的译词，国内一般译为民族国家。但作者在文章中对国民国家和民族国家是区别使用的，这与 nation-state 在其发展过程中各国的不同经历及性质有关。作为政治概念的第一个现代国家是英国，其现代性是相对于中世纪的王权国家而言，其主体是法律资格上的公民，即国民。之后美国、法国的国家建构，性质与此相同。因此 nation-state 最初的形态是国民国家。而欧洲的德国以至东亚，其国家建构是国家本位而非公民本位，强调的是血缘及文化意义上的族群共同体，这样的 nation-state 称之为民族国家更为贴切。

于国家或企业而出现的机构。但另一方面，大学也并非自其诞生之初就是以自我为目的、志在学问本身的机构。希望对某一对象“有用”，是大学存在的必要条件之一。最初的大学可以说是服务于“神”（神学）、服务于人的健康（医学）而存在的机构。在更普遍的意义上，大学是服务于人类或是全球社会的普世价值而发展起来的知识制度。

拙著《何谓大学》（岩波新书，2011 年）已经详细论述过大学诞生于 12 至 13 世纪的西欧，当时的社会正处于基督教秩序之下。未来中世纪都市的全欧网络正以西欧为中心日益扩张，各种不同的价值相互碰撞，人们产生了对“普世价值”的追问。无论是基督教社会还是近代社会，都需要致力探求价值普世性的机构，因此大学才存在了800年之久，而这一普世性是属于全人类的。大学对普世价值的追求最终将造福人类，欧洲接受了这一观念。

所谓人类价值，在今天就是全球价值。大学担负着连接全球价值与国民社会的职责。大学是一种媒体，并非从属于政府或国民。人类性、普世性、全球性是大学的根本。用今天流行的话来说，大学首先应该献身于“实现全球卓越性”（global excellence）。哪怕批判政府，哪怕对抗国民的一般观念，也要致力创造真正具有全球价值的工作——培养这样的研究者或是实践家，才是大学对社会最有意义的尽责方式。

“有用”的两个维度

完成目的的有用性与创造价值的有用性

如上所述，大学的“有用”不应局限于服务国家或产业。对神有用，对人类有用，对地球的未来有用……大学面向的领域有多个维度，但都超越了同一时期的政权、国家权力或是近代市民社会等限度。

这种多重性，还包含着时间跨度的不同。希望文科的知识三年五载就能起作用也许困难，但如果是从 30 年、50 年的中长期时间跨度来看，人文社科的知识也许远比工程学更为有用。因此，应该放弃“人文社会学科虽然无用但很重要”式的议论方式，强调“人文社会学科长期而言非常有用，因此价值巨大”。

为此，我们必须深思何为“有用”这一问题。大而言之，“有用”有着两个不同的维度。其一是完成目的型的有用性，即在目标已经明确的情况下，找到实现这一目标的最优解。这种思维模式在理工科是主流，而文科对此并不擅长。例如，新干线就是思考怎样组合技术才能实现东京与大阪间的最快移动这一课题并努力开发得出的结果。此外，最近在信息工程学领域，正在开发能够更高效地处理大数据并进行语言检索的系统。这些事例都是先有了明确的目标，随后才产生有助于实现目标的积极成果。而文科很难取得这样显而易见的成果。

但“有用”还有另外一个维度。比如有时候本人正不知如何才好，友人或是老师的一句话让自己茅塞顿开，此前觉得颇为棘手的问题一下子迎刃而解。这种情况，开始时并没有明确的目的，是友人或是老师的一句话让自己找到了方向，也就是发现了目的或价值尺度。这种创造出价值或是目的本身的有用性，我称之为创造价值型的有用性。这种实践一旦发生作用，社会将重新审视原有的价值尺度，或是创造出新的价值尺度。文科的“有用”，多数情况下属于后者。

重回韦伯

这方面德国的社会学者马克斯·韦伯对“工具理性”与“价值理性”的区分，已经成为经典。韦伯认为理性有“工具理性”和“价值理性”两种。“工具理性”针对确定的目的，进而选择最为有效的一系列手段，而“价值理性”并非针对某一目的，其行动本身就具有价值。

韦伯在《新教伦理与资本主义精神》一书中富有洞见地指出，虽然新教伦理是价值理性，但其一系列行为就结果而言，催生了具有强烈工具理性色彩的资本主义。而在价值理性丧失之后，资本主义进入了工具理性的自我循环之中。他强调在工具理性自我封闭的系统中，价值终会丧失实质，变得徒具形骸，而工具理性指导下的行为无法从内部打破这一僵局。这是一个前景黯淡的预言。韦伯希望寻找到通向价值理性或是个人魅力型领袖主导的体系等其他介入路径，以此打破这样空心化的系统。

韦伯的经典论述即使在今天看来依然充满洞见。如其所言，完成目的型的“有用”，是指已经有了预期目标或是确定的价值，在思考达到目的的最佳手段时的有用，它无法从内部突破既有的体系。因此在目的或价值尺度发生变化时，会迅速失去其曾有的作用。

价值尺度是不断变化的

换言之，完成目的型的有用性，或者说是作为工具、手段的“有用”，只针对事先给定的目的才有效。如果目的或价值尺度本身发生了变化，那么以为“有用”而做出的解答，将变得毫无价值。实际上，只要时间足够长，这样的情况是一定会出现的。

价值尺度绝非一成不变。以数十年为单位回看历史，不难发现价值尺度的变化。例如，20 世纪 60 年代与今天，价值尺度已经迥然不同。1964 年举办东京奥运会的时候，以所谓“更高、更快、更强”的发展型价值尺度来衡量现实是理所当然，社会也在这一尺度下提出了种种对“有用”的需求。新干线、首都高速公路，都是从当时这一价值尺度出发而追求的“未来”。从超高层大厦到东京湾开发，经济增长期的东京一路追逐着这一价值。但进入 21 世纪后，我们的价值观有了些许不同。人们开始推崇可长期使用、可回收再利用的手段，慢节奏、更愉快、花费更多时间去发挥作用的方式受到重新肯定。这就是价值尺度发生了变化。

人们经常提到的一个例子，是索尼公司的随身听（Walkman）与苹果公司的 iPad 、iPhone 之间的差别。索尼之所以没能够成为苹果，是因为索尼是在已有的价值尺度上进行不断强化。随身听将功能凝聚于欣赏立体声这一点上，实现了其便携性，在这个意义上是具有革新性的，但说到底它也只是一个欣赏立体声的装置。而 iPad、iPhone 则刷新了电脑以及手机的概念。何为交流，需要怎样的技术来实现交流，苹果公司通过对这些问题的思考，最终改变了技术这一概念本身。这就是价值尺度的变化。五年十年也许还能维持原态，但假以时日，价值尺度必然发生变化。

不仅仅是索尼，在给定的价值尺度内开发出随身听这样优秀的产品，是日本，尤其是日本工科的强项。但正如 iPad 、iPhone 的案例所示，价值转换意味着概念框架自身发生变化，与在给定的框架内制造出优秀产品的行为属于截然不同的层面。日本社会的一大特点，就是缺乏在历史大潮中改变价值尺度，并大胆预测未来的力量。我认为这也是日本今后也不得不屈居于“跟风”地位的主要原因。

文理之用各不相同

尽管无法一概而论，但就倾向而言，理科的学问偏向按照给定的目的制造出最“有用”之物，属于完成目的的知性活动。在这样作为工具、手段的有用性方面，理科远胜文科确是事实。但在另一类创造价值的有用性方面，情况则有所不同。

完成目的的知性活动，要求在短时间内拿出答案的能力。而创造价值的有用性，则要求具有将那些可能在较长时间段中发生变化的多元价值尺度纳入视野的能力。文科的知性活动，致力在全体性的长时段中观察对象。这一时期较短也是 20 年、30 年、50 年，有时候甚至会达到 100 年、1000 年。这正是文科的最大特点，因此，文科的学问能够在长时段中创造出价值，贡献出“有用”的东西。

此外，在多元的价值尺度中，为了在每一个具体情况下适用最佳的价值尺度，就需要与各种价值尺度均保持一定距离，采取批判的态度。深陷于某一个价值尺度，将失去应对新变化时的灵活性。日本经历了这样的教训，战争时一说“鬼畜美英”，大家都众口一词痛斥“鬼畜美英”〔2〕，战后一说“高速增长”，大家又都朝着“高速增长”奋力疾行。这样的状态绝对无法产生新的价值。不仅如此，在大家争先恐后追求的目标落后于时代时，又会因为无法找到新价值，不知该向何处去而彷徨无措。

在价值尺度发生戏剧性变化的现代，本应作为前提的目的转眼便被颠覆的事例屡见不鲜。在这样的状况下，应该如何创造出新的价值尺度？在新的价值尺度出

〔2〕“鬼畜英美”是二战期间进入太平洋战争阶段之后，流行于日本社会的一句口号。“鬼畜”一词来源于佛教的饿鬼道、畜生道，转为对行为残酷、非人的人的蔑称和诅骂语。与今天作为亚文化及视频类型的鬼畜意义不同。

现时，又该如何去评价？思考这些问题，仅凭完成目标的知性活动是无力的，必须依靠能够以多元视角把握价值尺度的知性活动，而这主要是文科负责处理的领域。

为了创造出新的价值尺度，就必须对现有的价值尺度，即那些被大家视为天经地义的东西，抱有怀疑态度，对之进行深刻反思，冷静批评，从而发现不同价值尺度存在的可能性。如果不能对经济增长或是新增长战略这样似乎不证自明的目的和价值提出疑问，从超越其自明性的视角出发思考问题，就无法产生新的创造性。在这方面，文科不可或缺。“理科有用，文科虽然无用但有价值”这样的讨论方式，我认为是大错特错。应该说，理科的知识生产多为短期见效，而文科的知识生产多能长期有用。

“人文社会学科”与“教养”“博雅”的区别

“文科即教养”乃是误解

在进一步讨论之前，需要整理一下在本次拥护人文社会学科的大多数意见中都含混不明的一点。不少论者将人文社会学科与教养教育、博雅教育（Liberal Arts）

混为一谈，批评文科省要取消大学的教养教育。例如，2015 年 6 月 17 日《读卖新闻》的社论中提到，“通过对古典及哲学、历史的研究，可以拓展多角度观察事物的视野，涵养尊重各种价值观的态度。大学也是培养学生广博教养和深刻洞察力的地方”，并站在这样的立场上，批评诸如“应该在大学培养有助于工作的实践能力”或是“比起教授英国文学，不如指导学生在英语水平考试中取得高分更有价值”之类的意见过于浅薄。这一批评本身是正确的，但“教养”与“文科”被不加区分地重叠在了一起。

不仅报纸如此，经团联也有着这样认识上的混淆。第一章曾提到他们在对通知的批评中，强调不分文理，都“需要在具备基本体力及社会公德心的基础上，拓宽知识面，培养发现和解决问题的能力、运用外语交流的能力、有逻辑地表述自己的想法和意见的能力”，产业界并非一味追求“即战力”。这里强调的是教养教育及后文论述的旨在培养运用能力（competence）的共通教育的重要性，但并未说明将对“教养”或是“运用能力”的拥护直接等同于对“文科”的拥护这一论述的内在逻辑。

6 月 29 日的《日本经济新闻》刊登了原一桥大学校长石弘光的一篇谈话，认为“大学是独立于各个时代的社会要求之外，为了建立更具普世性的人类存在和发展的基盘以及社会经济体系的基础，通过学问研究创造和传承知识的场所。（中略）以人文社会科学为主的广博教养，对于深化对事物的洞察力、尊重多元的价值观、促进个体人格的形成，都必不可少”。这里也是将“教养”与“文科”重叠起来，批评重视实用性的“文科无用论”。

但是，人文社会学科的作用，并非只是培养学生广博的教养。创造人文社会学科知识的，是法学、政治学、社会学、人类学、心理学、历史学、文学、电影学等各门学问，这些都是专而精的专业领域，绝非广博的教养。而实际上“文科无用论”的矛头所指，也并非其是否具有教养功能，而是文科作为以人与社会为对象的学问，其专业领域是否真正“有用”。

“文科即教养”这一概念的置换，带来了“文科即教养教育，理科即专业教育”这样二元对立式的理解，这一点存在很大问题。本来教养教育并不只限于文科，也包含天文学、地理学、生物学、环境学等自然科学的知识。“精深”的专业教育和“广博”的教养教育，是文科理科双方都具备的，真实的学问领域正是由这两个坐标轴划分出的四个象限所构成。而对“文科”产生误解的根源，正在于“文科的专业教育是无用的”这一错误前提。

包含文理双方的“博雅”

不仅“文科即教养”这一概念上的混淆遗祸无穷，对“教养”概念本身的理解极为模糊也是一个问题。实际上“博雅”与“教养”“通识教育”这几个概念彼此之间存在着微妙差别，但很多时候人们在议论时却不注意其中的不同。最近又出现了“共通教育”“运用能力”等新概念，情况更加复杂。所以我们无法确定，人们在提及“教养”或“博雅”这些词时，是否真的把握住了其中概念上的差异。为了明确作为“人文社会学科”定义上的“文科”的作用，还需要对分布于广义的“教养”周围的这些概念进行辨析。

在这些概念中，“博雅”一词的历史最为悠久。在古代就已经形成了这一概念的内核，而更直接的，是指诞生于12世纪至13世纪的中世纪大学教育中的自由七艺（文法学、修辞学、逻辑学、代数学、几何学、天文学和音乐）。主要科目中包含音乐这一点很有意思。更为重要的是，这些学问被分为两大类。文法学、修辞学和逻辑学，是与遣词造句行文立论相关的“语言之学”，更接近文科。而代数学、几何学和天文学，是组合数字与形状的“数字之学”，更接近理科。所谓“博雅”兼含二者，构成的比例是文科∶理科∶艺术 =3∶3∶1。

自由七艺随着中世纪大学的发展，从“学艺学部”（Faculty of Liberal Arts）统合到“哲学部”（Faculty of Philosophy）。现代哲学给人一种强烈的文科印象，但统合了“博雅”的哲学，其实是文理性质兼而有之的学问领域。例如确立了解析几何原理的笛卡儿、发现了微积分方法的莱布尼茨，这些 16 世纪至 17 世纪具有代表性的哲学家，同时也是数学家，按今天的表述，都是文理兼修的大师。对于他们而言“博雅即哲学”，包含有文理两方面的知识。

国民国家与“教养”的诞生

另一方面，“教养”概念的出现，与“国民国家”的形成以及与之同时发生的大学的“第二次诞生”密不可分。19 世纪初，处于濒死边缘的大学，以高涨的民族主义大潮为背景，迎来了戏剧性的“第二次诞生”。这一大学的重生，始于 19 世纪初的德国（普鲁士），在 20 世纪其重心转移到美国，而新的大学概念与制度也扩散到全世界。新的大学吸纳了 18 世纪令大学相形见绌的专业院校及学院（academy）等制度，成为人类史上规模最大的教育研究体制。

德国在军事上败于拿破仑一事，也为新大学的诞生提供了契机。1804 年拿破仑登基称帝，虽然第二年在与英国的海战中失利，但在欧洲大陆上的战争却一路凯歌，所向披靡，最终征服了整个欧洲。在战败的德国，改革的要求日益高涨，1808 年费希特做了题为《告德意志国民书》的演讲，1809 年洪堡着手大学改革，柏林大学建成后，费希特成为首任校长。在拿破仑统治欧洲的时代，柏林大学的诞生，既承接了 18 世纪的启蒙思潮，也与高涨的民族主义有着密切的联系。将德国从法兰西帝国的统治下解放出来，让下一代人投身新的国家建设，是当时民族主义的诉求。

这一德意志式的民族主义，也鲜明地反映到了大学追求的价值上。为了与法国主张的“文明”概念以及学院、专业院校、美术等新的知识制度相对抗，德国不得不更为强调“文化即教养”（Kultur）这一概念，致力将大学改造为“文化教养”的学府。

18 世纪末以后，从百科全书派的启蒙思想到法国大革命，再到拿破仑战争，法国处于一个动荡不安的时代。而德国虽然处于法国的军事、政治压迫之下，但在文化、学问方面，启蒙思想与民族主义的互相碰撞，使其知识深度达到了同时代欧洲的最高水平。哲学上以康德为先驱，继而由费希特、黑格尔将其推向高峰；文学上有歌德、席勒，音乐上有贝多芬，各路大师纷纷登上历史舞台。近代的大学及其“教养”理念，正是继承了在与法兰西式学院的对抗中形成的德国知识传统。

正如比尔·雷丁斯在《废墟中的大学》（法政大学出版局，2000 年）〔3〕中有力论述的那样，康德为与特殊有用性相对抗，提出了普遍理性，这一概念经过谢林、席勒、施莱尔马赫等人的历史化或者说国民化操作，转化为民族国家的国民理性。在大学教育中具体体现这一近代国民理性的，正是“文化即教养”的思路。简单来说，“文化”（Kultur）在此是指从自然状态走向理性的历史过程，落实到个人成长及人格陶冶上，就是“教养”（Bildung）。作为学问研究对象的“文化 / 自然”与作为教育目的的“教养 / 人格”，被认为应该在近代大学中统合为一。因此 19 世纪以后的大学具有将国民国家的发展历程与人格理性的发展轨迹相重叠的强烈倾向。

近代产业社会以碎片化的“文明”代替统一的“文化”，碎片化的知识与信息超越了个人理解的限度，遍布整个世界。但个人仍然应该通过在大学的学习，坚持去理解知识本质上的统一，参与到“文化”的有机整体之中。促使个人迈向整体性的机构，不再是教会，而是

〔3〕中文版见（加）比尔·雷丁斯著，郭军、陈毅平、何卫华、周利娟译《废墟中的大学》，北京大学出版社，2008 年 10 月。

国家，特别是作为其知识中枢的大学。

在大学学习的知识精英们，不应简单地成为国家的仆人，而应该通过对学问思考规则的掌握，成长为自律的主体。在日本，通过“文化即教养”这一思路谋求国民主体与国家的一致，也成为从肩负创设帝国大学重任的森有礼，到战后东京大学首任校长南原繁这些民族主义者奉为圭臬的大学理念，并在一定意义上为上述的各种“教养”拥护论所继承。

存在“普世教养”吗？

了解了以上的背景后，可知“教养”其实是一个有着强烈国民国家性质的概念，因此也不难理解我们经常听到的所谓“普世教养”这个词本身存在矛盾，所指范畴绝非那么简单即可确立。德国、英国、日本，在其国民国家发展的过程中，创造出了各自作为国民规范的“教养”。德国如上文所述，歌德及席勒的文学，康德、费希特及黑格尔的哲学，贝多芬的音乐等，大致都在其规范的教养之内。英国最重要的也许是莎士比亚的戏剧。日本也许包括森鸥外、夏目漱石，或是福泽谕吉。总而言之，“教养”就是那些一度被理所当然地认为“大学毕业连这些都没读过就太不应该了”的、作为“文化资本”的国民知识。

但这些内容很难跨越国境。如今是彻底全球化的时代，是知识的社会基础从国民国家向全球社会转变的时代。无论何种大学教育，如果无法对应全球化、多文化、多语言、互联网等环境条件的变化，恐怕都无法再苟活半个世纪。与“教养”属于不同维度的“运用能力”这样的概念的出现以及迅速传播，正是其征兆。比起更重视知识内容的“教养”，“运用能力”聚焦于技术（skill），因而更容易跨越国境。但是问题在于，仅凭这种技术培训式的教育真能建立起未来大学教育的基础吗？“教养”的确是与近代民族主义紧密结合而发展起来的概念，但其内容蕴含着一种“丰富性”。即使内含矛盾，也可以从其内部深层寻求突破，因此探索“普世教养”的可行性，绝非毫无意义。

20 世纪大学基础教育的变化

“教养”与“通识教育”不同

如上所述，“博雅”是以中世纪基督教世界为背景诞生出的概念，而“教养”是 19 世纪以后，特别是以国民国家为背景发展出来的概念。进入 20 世纪后，在美国又出现了“通识教育”（General Education）这一新概念，浸透于本科教育（Collcgc）之中。20 世纪中期以后发展起来的美国的本科教育，与欧洲以比较富裕的市民阶层为中心的大学（University）不同，是以更广泛的国民全体为对象［即大学教育的普遍化（universalize）］，这就要求其具备超越 19 世纪的“教养”概念、面向一般民众的基础教育制度。

美国大学本科教育中“通识教育”的普及，还与其对抗专业教育的意识有关。在美国的大学中，负责“精深”专业教育的研究生院（Graduate School），与负责“广博”教养教育的本科（College）可谓泾渭分明。“通识教育”有着与研究生院的“学部”教育方针不同的作用。顺便要提一下，College 这个词，在英国与美国的所指有很大不同。在英国的剑桥大学或是牛津大学，所谓 College 指“寄宿学院”，是学生所属的大学基本单位，与日本的“学部”相近。但在美国，研究生院有自成一套的成熟体系，所谓 College 只不过是指“研究生院”与“高中”之间“本科水平”的教育课程而已。

吉田文在《大学与教养教育》（岩波书店，2013 年）中考察了美国“通识教育”科目的发展历程。通识教育早期的原型，是 1919 年哥伦比亚大学开设的“当代文明论”（Contemporary Civilization）课程。开设这一课程的目的，是鉴于第一次世界大战后的国际局势，希望学生能尽早综合思考关于和平的各种问题，按今天的表述，是以“建设和平”（Peacebuilding）为目的的跨学科课程。这一课程是哥伦比亚大学所有新生的必修课，据说也带有特别针对执行完军务回到校园的学生们进行“矫正式”教育的意图。

“教养”在近代产业文明中肩负着陶冶及涵养国民人格的使命，因而强调与过去传统的联系。而“通识教育”的目的则是培养能主动发挥知识生产能力来面对人类未来课题的具有知性的公民。用略带武断的方式来总结的话，“博雅”对应着中世纪的贵族社会，“教养”对应着近代的布尔乔亚社会，而“通识教育”则对应着现代的民主主义社会，肩负着将大众从被动的消费者培养成主动的公民这一使命，因此成为了美国本科教育的基础。

这一通识教育的理念和课程设置，至今仍被日本的许多大学沿袭。日本很早就从美国导入了这一理念，众所周知，占领期应驻日盟军总司令部（GHQ）的要求派遣来的美国教育使节团在这方面起到了决定性作用。而日本的大学中，在导入不同于“教养”的“通识教育”理念上发挥了重要影响的，则是二战后东京大学的首任校长南原繁。20 世纪 40 年代后半期，刚刚上任的南原繁就已经认识到通识教育与一直以来的教养教育有着重大的区别，并且积极将之导入东京大学的教育体系中。与当时诸多知名的自由主义者希望维持旧制高中的倾向不同，南原繁坚持并且积极推进了旧制高中的废除和高等教育的单轨制，并在集中承担高等教育任务的旧帝国大学中导入了通识教育。

合并旧制第一高等中学，在战后的东京大学设立教养学部，就是这一变革的核心举措。对于南原而言，东大教养学部的诞生并非只是简简单单地合并旧制高中、新设了一个学部而已，而是具有非同寻常的意义，可谓将新制大学的未来全都寄托于此了。

1949 年 7 月 7 日，新制东京大学迎来了第一届开学典礼，南原在典礼上发表了热情洋溢、慷慨激昂的致辞。他强调，战后高等教育改革的中心课题就是导入通识教育科目（在东京大学称为“一般教养科目”），“其成败将决定大学新制度的未来命运”，并指出，新导入的“通识教育”不同于旧制高中精英文化之中的“教养主义”，后者的价值在于培养具有较高文化水平的社会精英，而新制大学的“通识教育”则以培养综合不同专业领域的能力为目的。南原认为，“现代的学问无力将新的科学发现和技术吸纳于整体之中，并使其具备精神力量”，这一事实暴露出了严重的问题。特别是核能，无论是军用还是民用，都存在着巨大的风险。“如果我们无法在对学问与人生整体性秩序的追求之中牢牢掌控核能的研究与利用，必将迎来文明的崩溃与人类的毁灭”。

南原主张，在风险与日俱增的复杂的现代社会中，大学必须要让学生认识到，“在将个别的科学及技术应用于人类社会之前，应该考虑其彼此之间的关联，并站在更为综合的立场上认识其意义”。大学生需要掌握的，“并非是作为一名绅士、一名社会成员装点门面所必需的知识，而是作为一个有志于在时代之中活出一定高度的人的生活的基本条件”。

这里要求的，“不是对个别科学真理的无止境的追究和探求，而是在各个领域乃至全体之中，对已知知识的综合和体系化”的能力。通识教育的目的，就是“了解我们这一时代已经形成的活生生的知识体系，从而把握为这一代人共有的文化、文明的整体结构及意义”。因为“在日常生活中，指导我们思维与行动的，并非个别的科学知识与研究结果，而是这样的通识”。

“通识教育”的局限性

但是，南原寄托了莫大希望的“通识教育”，在战后日本的大学教育中并没有实质性地扎下根来。1949年新制大学启动之初，新的综合性大学都争先恐后地将“通识教育”作为基础教育的基础。这些科目习惯上被称为“一般教养科目”，并被细分为“自然科学”（Natural Science）、“社会科学”（Social Science）和“人文科学”（Humanities）三部分。它们取代了旧制高中培养精英的“教养”科目，确立了“保证学生在本科期间获得关于社会科学、人文科学、自然科学等人类思考三大领域方法及成果的知识”（文部省，《日本高等教育的重编》，1948 年）的方针。

然而 20 世纪 60 年代以后，由这三部分构成的“通识教育”的框架逐步弱化。1963 年中教审的汇报《关于大学教育的改善》中指出：“经过战后推进的教育制度改革，我国高等教育机构已成为具有新性质、新内容的大学。但观察其具体状况，考虑到我国的国情，还存在着种种需要进一步讨论的问题。此外，鉴于最近的产业经济及科学技术的发展状况，也有不少意见认为大学现状亟待改善。”很明显，产业界及理科学界认为战后的教育改革不符合日本的国情，提出应该加以改善。其中埋下隐患的一种意见认为美国式的通识教育制度规定“自然科学”“社会科学”“人文科学”三个系列需获得的学分相同，而这一全学科体的跨界性“没有考虑各专业领域的不同特色”，建议在设置上增加弹性，“三系列间科目数、学分数的分配，应该在考虑各专业领域特色的基础上加以确定”。

这一建议，意味着三系列各自所需学分数的自由化。但这样一来，理科学生必须学习文科领域的基础，文科学生也必须学习理科领域的基础这一跨界性无疑被削弱了。1971 年中教审的汇报《关于今后学校教育综合扩充完善的基本措施》，继续朝着这一方向推进。“今后有必要取消通识教育与专业教育这一形式上的区分，不受已有学部、学科区分的束缚，推进综合教育课程，根据具体教育目的安排所需科目。”之后“通识教育”的理念逐渐空心化，事实上已被定位为进入专门领域之前的导入性课程。

“教养教育崩溃”的原因

这一进程的最后阶段，就是 1991 年《大学设置基准的大纲化》（《关于部分修订大学设置基准的文部省令的实施等》）带来的教养教育实质上的分崩离析。所谓“大纲化”，是“为了有利于大学按照各自的创意，组织具有特色的教育课程，废除一般教育科目、专业教育科目等有关课程科目区分的规定”，即对战后设置的一般教育科目与专业科目这一区分进行废除。

“大纲化”之前，大学教养教育的基本内容由文部省规定，很难根据各大学的判断加以改变，这一限制保证了教养教育的底线。“大纲化”是在“大学的事情大学做主”这一思路下推进的制度改革，其目的本不在于“废除教养教育”。文部省的意见是通识教育的内容不再由文部省规定，希望“大学按照各自的创意，组织具有特色的教育课程”，这便是“大纲化”的主旨。

但是，自由化的结果，是此前担任教养教育的教员们纷纷选择去教“专业课”而非“教养课”。而与“大纲化”几乎同时，研究生院成为发展重点，大学教员的所属也向专业单位转移，通识教育变得极度薄弱。实际上大学教员都有着自己的研究领域，学术评价也都是基于专业领域的研究。虽然教员们站在全局的角度也承认教养教育的重要性，但站在个人的角度，更多人还是希望在课上教授自己的专业，实际上也是如此选择的。就结果而言，随着“一般教育科目”这一范畴的废除，大学的教养教育迅速变得徒有虚名。一旦“大学设置基准的大纲化”放开了对教养教育令人憋屈和怨声载道的限制，大学教员们便纷纷沉潜于各自的专业之中去了。

数年后，大学审议会（后改组为中教审大学分会）

的汇报《高等教育的进一步改善》（1997 年）表示了对这一状况的忧虑。报告指出在“大纲化”后推进教养教育改革的一些大学中，“取代旧教养部而设置的教养教育委员会等组织，并未充分发挥其功能”，重新强调“教养教育是高等教育整体的基石，必须由全体教员承担，这一认识应该得到加强”。报告主张，“各大学应该在明确教养教育必须由包括传统专业学部的教员在内的全体教员承担这一认识基础上，确定对口负责其具体实施、管理的组织”。大学审议会不得不提交出反思到如此地步的报告书，“大纲化”后教养教育的劣质化可见一斑。

“共通教育”“运用能力”带来的“教养”空心化

以上整理了容易混淆的“博雅”“教养”“通识教育”的区别，而在 20 世纪 90 年代以后的大学改革浪潮中，又涌现出“共通教育”“运用能力”等新概念，其影响力逐步扩大。

“共通教育”中，当然包含具有“通识教育”性质的内容，但同时导入了不少应该称为“技能（skill）教育”的内容，如计算机操作、英语实践能力等。其他还有研究伦理、信息伦理等内容，简单说，就是各个大学将属于学生毕业前“至少应该掌握的技能”的内容，一股脑地放在一起，以此推进教养教育的重组。如果说古典的“教养”志在涵养国民的文化素质及健全人格，“通识教育”的目的是掌握综合性知识以解决现代社会所面对的课题，那么“共通教育”就是为了培养每一个学生在全球化社会、信息社会中生存所需的技能。

明确显示出昔日广义的教养教育与当今共通教育之间区别的，是“competence”这一概念。这个词可以译作“运用能力”，也就是比起知道或是读过，更重视的是最大限度运用已掌握的知识、信息的能力。经合组织（OECD）结合具体事例，定义了“语言、记号、文本的运用能力”“知识与信息的运用能力”“技术的运用能力”“与他人形成融洽关系的能力”“调整和解决利益对立的能力”“顾全大局的行动能力”等关键能力（key competence）。近年，大学将这些能力分门别类，教育的重点也从“知道什么”转向“能做什么”，集中培养学生的运用能力。

无论是以掌握知识为主要目的的教养教育，还是以加深对现状及课题认识的通识教育，都是以某一领域知识的内容为主题。但今天的“运用能力”这一概念聚焦的并非是知识的内容，而是运用、处理的技能。

在这个意义上，“运用能力”作为实践之学的志向，不但远胜“教养”，也比“通识教育”更进了一步。但与此相应，令人担忧的是本应作为内核的“教养”变得空心化。实践能力、演示（presentation）能力、交往（communication）能力、课题解决能力……人们的兴趣投向了各种各样的“能力”，但对于大学在近现代创造出来的知识本身的兴趣却不复往日了。

人文社会学科何以有用

“文科”与“理科”差异的出现

对上述这些概念有了进一步的认识之后，让我们再思考一下回归“博雅”这一选项。作为中世纪大学教育根基的“博雅”（Liberal Arts），如其字面含义，是“自由之学”，与之对立的是神学、法学、医学这三种“有用之学”。后者的有用性不言自明，而“博雅”作为“自由”的学问，被置于与之相对的位置。神学被放在“有用之学”的行列也许令人感到意外，但在中世纪，基督教的上帝是价值的核心所在，神学思考的是如何献身于神，自然是终极有用之学。紧随其后的，是对国家“有用”的法学和对个人“有用”的医学。

中世纪的“博雅”既包含理科也包含文科，之后文理逐渐分离。这一分离，出现于国民国家兴起、资本主义以产业革命为契机迅猛发展的 18 世纪末以后。在这一时代，伴随着“教养”概念的形成，“文化即教养”这一国民规范也确立了起来。作为古典教养的哲学、文学、史学，主要被放在“哲学部”或是“文学部”，这些学部也逐渐成为文科知识生产的中枢。另一方面，在“博雅”学习中并未与文科相区分的“数字之学”，分别独立为生物学、物理学、化学等学科，规模也变得相当庞大。

象征性地显示出“理科”与“文科”分离的事件，是大学教育的重心由“哲学部”向“文学部”的转移。在近代化的过程中，欧洲各大学中与法学部、医学部、神学部并列的“自由之学”的学部，其名称由“学艺学部”变为“哲学部”，之后再变为“文学部”和“理学部”［“人文学”（Humanities）被频繁用于大学的学部名称，是在 20 世纪以后］。“文学部”与“理学部”明确分离，是在 19 世纪以后。“文学部”与“理学部”，构成了今天“文科”“理科”区分基础的两个学部，各自作为独立组织确立了起来，取代了此前统一的“哲学部”。无论是“文学”还是“理学”，在实践理性对知识的正确运用（即哲学）这一点上，本应是殊途同归。但经过19 世纪的组织分离，二者逐渐被视为完全不同的学问。

导致这一分离的决定性社会因素，是产业革命。随着产业革命和机械技术的发展，不断涌现出的发明创造彻底改变了社会。在这一过程中，出现了社会整体的变化是由理科主导的认识，而文科对这一变化或是批判或是追随，总之是被排挤到了被动接受变化的位置。在19 世纪以后的世界，“理科”站在技术主导的社会前沿，作为自然科学新发现及工程学新发明推进者确立了自身的地位，而“文科”则站在对这样技术主义的社会进行制约，对其价值进行质疑的立场上，确立了自身的地位。从这一历史脉络来看，“理科”作为“有用”的知识得到发展，是理所当然的。另一方面，也不难理解为何“文科”对这一变化一直持批评态度，与之保持着距离。

人文社会科学的分化与独立

至此，我们终于可以对本章开篇提出的论点，即为何“理科有用，文科无用”这一流行观念是错误的，又为何以更长的时段来看“文科才是有用的”，结合历史背景做了说明。如上文所述，中世纪的大学中，只有“有用之学”（神学、法学、医学），和“自由之学”（博雅）的不同，并没有“文科”与“理科”的区别。直到 17 世纪左右，“哲学”还是既包含文科也包含数学等理科的学问。“文科”和“理科”的区分，在近代产业革命之前并不清晰，是在产业革命之后科学技术与资本主义相结合的体制之中逐渐形成并最终确立的。

在近代产业化的进程中，与逐渐形成的新体制的关系决定了各个学问领域的地位。在这一意义上，工学系的知识生产与经济学系的知识生产之间，还可以说存在着某种亲和性。但经济学在其发展过程中产生了马克思主义，因此还不能说是自我定位于单纯地为近代产业社会服务的“有用之学”。总体而言，理学、工学、农学、医学、药学等构成“理科”核心的各个领域，伴随着近代产业社会的大潮，扩大了其在大学中的存在基础。

工学是其中的典型代表。19 世纪中期以前，历史较为悠久的土木工程学占据着工学领域的中心地位，而 19 世纪末机械工程学获得长足发展，作用变得更加重要，进入 20 世纪后，电气工程学的力量大大增强。20 世纪的两次世界大战，使得化学工程学的作用变得突出，在二战末期登上历史舞台的核工程学，在二战结束后也一直保持着工学领域中最强的预算获取能力。

与此相对，19 世纪以后的“文科”，可以说是在与迅猛发展的“理科”的彼此区别中，确立了自己的地位。当然，这里的“文科”，也包含法学这样历史悠久，其传统能够与医学相提并论、上溯到古代的学问，无法简单一概而论。这也是上述众多论者将“文科”与“博雅”、“教养”混为一谈的理由之一。神学与法学暂且不论，政治学、经济学、社会学、人类学以及近代意义上的历史学，都是曾经在“博雅”或“哲学”中混沌未分，之后逐渐作为文科的专业而独立出来的学科。

以提出世界体系论闻名的沃勒斯坦〔4〕，曾经精辟地总结了“政治学”“经济学”“社会学”“人类学”这四个社会科学领域是如何在 19 世纪以后近代产业化的进程中，被相互补充地创造、构建出来，并形成固定规范的。

“社会科学本不存在，存在过的充其量只是其前身。随着 19 世纪的发展，一系列的名称及其学部、学位、学术组织缓慢但明确地出现，最晚在 1945 年（有些在此之前）形成了今天我们使用的学科范畴。（中略）（划分现代学问领域的）知性根源，是 19 世纪占统治地位的自由主义意识形态。这一意识形态认为国家与市场、

〔4〕沃勒斯坦（Immanuel Maurice Wallerstein，1930—2019），美国历史学家，社会学家，国际政治经济学家，新马克思主义的重要代表人物，世界体系理论的主要创始人。

政治与经济，可以分析为属于不同的（大多数也是彼此独立的）领域，各领域有着各自特殊的法则（“逻辑”）。社会热切地希望这些领域各自独立运作，而学者也将其作为不同的领域进行研究。考虑到很多对象既不属于市场领域，也不属于国家领域，为了填上这一缺口，这样的东西都被塞进冠以社会学这一宏大名称的剩余品收纳袋中。（中略）最后还剩下远离文明世界的人们，与这样的群体进行交流是一件困难的事，因此以他们为对象的研究，采用了特殊的规则与训练方法，并赋予其人类学这一颇有些问题的名称。”（沃勒斯坦，《否思社会科学》，藤原书店，1993年〔5〕）

沃勒斯坦在此论述的是“社会科学”是如何确立的，同样的讨论也适用于包括在人文学（Humanities）之中的历史学、文学研究、思想史、美术史等领域。总而言之，无论是“社会科学”还是“人文学”，这些“人文社会学科”作为各个独立学问领域的集合体，于19世纪登上历史舞台，到20世纪中叶，学问的分化基本完成。

之后，即20世纪中叶以降产生的人文社会科学的新领域，要么在后面加上“研究”（Studies），如性

〔5〕中文版为（美）伊曼纽尔·沃勒斯坦著，刘琦岩、叶萌芽译《否思社会科学：19世纪范式的局限》，生活·读书·新知三联书店，2008年。

别研究（Gender Studies）、电影研究（Film Studies）、文化研究（Cultural Studies）等，要么附加“后”（post）或“新”（new）这样的前缀，如后现代主义（Postmodernism）、后殖民主义（Postcolonialism）、新历史主义（New Historicism）等，以表示与之前领域的区别。这里重要的是，我们讨论的“文科”，大致上是19世纪到20世纪出现的历史产物。

新康德学派与对“价值”的追问

沃勒斯坦的理解中包含的另一个要点，是他敏锐地观察到人文社会科学的众多领域，在政治学（国家学）及经济学之后出现的大多数文科的知识，都是在“国家”与“市场”之间，或是“国家”及“市场”的边缘形成的。中世纪的基督教秩序崩溃后，在祛魅化亦即世俗化的进程中，首先是“国家”取代“神”在人类知性活动的领域出现，“市场”也在世俗化的社会中作为与国家同样具有自主性的领域而被发现。在近代资本主义或者说产业社会的发展过程中，“国家”作为权力的运作场所，“市场”作为财富的运作场所，双双确立为具有统治性的领域，这并不奇怪。但仅凭这两个领域还不足以理解世俗化的世界，于是社会学、人类学、心理学等人文社会科学的各领域相继形成，并各自有了独立的发展。

这些难以为“国家”（权力领域）和“市场”（财富领域）所吸纳的人文社会科学的领域，实际上都是围绕着一个共同问题形成的。这一点我们可以通过俯瞰 19 世纪末到 20 世纪初的社会学、人类学、哲学、历史学等主要人文社会学科的话语而察觉。

19 世纪末到 20 世纪主要人文社会学科的共同问题是什么？答案就是“价值”。“何为价值”这一问题，正是 19 世纪后半以降形成的“文科”最为关心的根本问题。某种意义上，“价值”也是经济学中最根本的问题，因此可以说对于形成期的人文社会科学整体而言都是最为根本的问题。就社会而言，“神”是价值的绝对来源这一信仰崩塌，相对性成为一种自明原理。因此“何为价值”也成为以这样的社会为研究对象的文科必须面对的根本问题。

换言之，“价值”的相对化，正是“文科”得以形成的前提。如果某个绝对的价值尺度永远存在，那么批评这一价值、创造新的价值，就只能被视为异端。如果为神服务、为国王服务、为绝对的神圣性服务是永恒不变的价值，那么人的生存就只需要追求实现这一目的的最有效手段即可。至少在理念上，人们曾经对古罗马帝国的皇帝，或是中世纪基督教世界的上帝深信不疑，把他们当作万物的绝对和永恒的价值标准。但这些曾被相信是绝对且永恒的价值尺度，都在世俗化的进程中一一崩塌，近代社会在数量更多且始终流动不定的价值尺度之间漂移。

人文社会科学多种多样的知识活动，究其本质，正是作为追问、观察、分析、批评、创造这些多数且流动的“价值”的视角及方法，在19世纪到20世纪初逐渐成型的。明确显示出这一事实的，是同一时期新康德学派在从哲学、历史学到社会学诸多领域的巨大影响。除了追问“国家”与“市场”关系的马克思主义，新康德学派是对“文科”的确立影响最大的知识范式。

新康德学派，特别是其中被称为“西南德意志学派”〔6〕的文德尔班〔7〕、李凯尔特〔8〕等人不懈探究的问题，是在同时代自然科学式的合理性与近代产业社会占据统治地位的情况下，哲学、历史学、社会学等人文学科能有怎样的存在意义。文德尔班主张“科学”分为两种，“自然科学”是确立法则的科学，而“历史科学”是个性记述式的科学。这里导入了“理科即确立法则的

〔6〕也被称为弗莱堡学派、巴登学派，与马尔堡学派并立。

〔7〕文德尔班（Wilhelm Windelband，1848—1915），德国哲学家、新康德主义弗莱堡学派创始人。

〔8〕李凯尔特（Heinrich John Rickert，1863—1936），德国哲学家和历史学家，新康德主义弗莱堡学派的代表人物，文德尔班的学生。

科学”对“文科即个性记述式的科学”的二元对立模式。所谓“确立法则”，是指从观察的对象之中发现总是一致的形式或法则。而“个性记述”，是指对历史上只发生一次的个别事象进行记述。当时“科学”概念往往被认为只限定于自然科学，而文德尔班则认为“科学”中含有“自然科学”与“历史科学”这两种互不相同的概念。

与之不同，李凯尔特更为重视“文化”概念，用“文化科学”而不是“历史科学”来定义人文社会学科，他认为“价值即文化”的追问是人文社会学科的根本，“文科”的存在意义就在于对“价值”的探究。而在 20 世纪的社会科学中将这一认识发扬光大的，是马克斯·韦伯。如上文所述，韦伯提出了这样一个疑问，为什么曾经有着价值理性取向的行为，在近代资本主义社会体系的自我发展之中变得只剩下工具理性这一取向了。他质疑的是现代社会中结构性的“价值”空心化问题。在这一讨论背后，可以看到创造价值的文科（人文学）与完成目的的理科（工学）之间的纠葛。

对文化主义的种种批评性介入

马克思主义、结构主义、后结构主义等学派关注的是让阶级、语言、结构这些“价值”得以成立的驱动力。它们也在整个 20 世纪对新康德学派所谓“文化主义”的范式提出了诸多批评。例如马克思主义关心价值、阶级与资本的关系，结构主义阐明了价值与意义基于语言结构而生成的过程。而从这样的关系之中发现权力的运作，是自福柯〔9〕、萨义德〔10〕以来的后结构主义、后殖民主义的着眼点。这些研究的共同点，是都认为只是将“价值”单独抽取出来论述无济于事。一方面关注“价值”问题，另一方面又从“阶级”“语言”等角度对文化主义进行批评，是 20 世纪人文社会学科的主要潮流。

通过这些批评，新的人文社会学科范式逐步得到确立。而在此过程中，关注帝国与殖民地、性别、阶级与歧视等问题的性别研究、后殖民研究、文化研究等新视点也加入了进来。19 世纪以降的人文社会学科的潮流的确复杂多样，但不难发现其中大多都对“价值”抱有共同的关心，并把焦点放在“价值”与“阶级”“性别”“人种”“语言”“权力”等的关系之中。

---

〔9〕福柯（Michel Foucault，1926—1984），法国哲学家、社会思想家，后结构主义的代表人物。在哲学、文学评论、批评理论、思想史、科学史（尤其医学史）、知识社会学等领域均有巨大影响。

〔10〕萨义德（Edward Said，1935—2003），美国当代重要的批评理论家，后殖民主义批评理论的代表人物。

人文社会学科是怀疑人类自身的知识领域

再没有比文科或者说人文社会学科在“价值”如何确立这一问题上花费如此多的精力进行探讨的知识领域了。终极理由，是因为其研究对象就是我们自身。追问自身，带有反思已被我们认为理所当然之事这一动机。自然科学的对象，基本处于我们的外侧。例如人文社会学科思考语言、身体及心性、风景，而自然科学则讨论信息、人体与大脑、环境。即使实质上是同一个现象，也有着将其视为我们自身内部的问题，还是视为我们外侧的问题这一角度上的差别。当视为我们自身的问题时，价值与意义便成为问题的核心。对此一直坚持不懈展开思索的学问，正是人文社会学科。从其观点出发进行考察之所以“有用”，正因为我们自身也在历史中不断变化。

人类不但会发生变化，而且变化不可阻挡。这就是历史。我们会变，意味着价值和意义会在历史中发生多元变化。所谓价值，原本就具有多元性、复数性。人文社会学科在这一点上有着深入的思考，而这一思考具有巨大的发展空间。不仅仅能够丰富个人见识，而且就长远而言，对人类社会也大有益处。

这一“有用性”，不是5年、10年的“短期有用性”。人们认为理所当然的价值，经过 30 年、50 年，就会发生改变。因此只要看得足够长远，便不难证明人文社会学科的有用。对谁有用？对人类、对全球社会有用。大学的历史比国民国家更为悠久，中世纪以来，大学献身于超越国家和民族的普世性。今后，大学也应该服务于人类的未来及全球的普世性。这会是一段非常漫长的旅程。大学走到今天花费了 800 多年的时间，而只要人类的历史还在延续，即使改变组织形态，大学也还会存在下去。6 年的周期无法证明大学的存在价值。但如果放眼 60 年，其价值一定能够得到证明。

“文科”之用绵延久长

本章论述的内容，可以归纳为以下七点：

（一）“有用”有工具性和价值创造性两个不同的维度。

（二）是否“有用”，应该在长时段中进行衡量，其中包含确定目的的价值尺度本身的转换在内。价值尺度在较长时间中一定会发生变化。“文科”的知识生产，是包含预测或是主导价值尺度的变化这一价值创造维度的，文科的知识生产“其用长久”，与理科擅长的“迅速有效”的知识生产维度不同。

（三）“博雅”（Liberal Arts）包含语言之学（文科）和数字之学（理科）两方面，这一文理跨界性由近代的“哲学”所继承。

（四）“教养”是在与国民国家密不可分的关系中创造出来的概念，难以跨越国界。在全球化的发展进程中，这一概念需要被彻底解构。

（五）战后，由美国导入的横跨“自然科学”“社会科学”“人文科学”的、被称为“通识教育”（General Education）的大学课程设置，在 20 世纪 60 年代变得面貌模糊，到 90 年代则名存实亡。

（六）今天人文社会学科的大多数，都是在 19 世纪末到 20 世纪，作为“国家”与“市场”之间或是边缘的领域而形成的学科。它们在与自然科学的对立中找寻自身的存在价值，以对“价值”的追问为共同的根本问题。

（七）大学应该服务于人类普世性，即使是国立大学也并非为国献身的机构。

综上所述，本章反驳了“文科无用但有价值”这一立论。文科的知识生产，是明确现有价值及目的的局限性，通过批评、反思创造新价值的知识活动。其中含有价值创造的维度，因此长远来看是“有用”的。但二战中及战后日本的大学一贯重视理科，文科被边缘化。在“废除文科学部”以前，日本的国立大学就实质而言都是理工科大学。与这样的状况相对抗，在国立大学中寻找“其用长久”的文科的发展空间，是当下的课题。此时，有必要重新回想起今天常常被等同于文科的“博雅”本来是包含文理双方的基础性知识这一历史。第三章开始，我将在此基础上讨论文科的知识生产与理科的知识生产，以及 21 世纪大学的种种跨界方策。

第三章
21 世纪的宫本武藏

“大爆发”〔1〕的大学及其危机

大学整体的危机

文科省在 2015 年 6 月发布的通知，主要被放在“文科危机”的语境下进行理解和讨论。但实际上这一“危机”所威胁的不仅仅限于文科。倒不如说，恰恰是这一“大学危机”，超越了文科和理科的鸿沟，它才成为日本大学需要直面的现实。

〔1〕这里的“大爆发”指的是以后文中的“寒武纪大爆发”来比喻大学数量在短时间内迅速增多的现象。

我在第一章提到过，进入 21 世纪以来，日本的大学被“全球化”“数字化”“少子高龄化”三大浪潮席卷。这三大浪潮使得大学、学问以及社会的存在方式发生了三重变革，任何一所大学都再也无法依靠既有的方式继续生存了。

引发上述问题的社会变化虽然并不是本书的主题，但一言以蔽之，那就是社会的流动性在不断增强，无边界化（borderless）也在进一步发展。既有的终身雇佣制和论资排辈式的“公司主义”逐步瓦解，渐渐向着以能力为中心的个人主义转变。在这个过程中，收入差距和非正式雇佣等成为巨大的社会问题。伴随着人才流动性的扩大，各个企业内部的“学徒制”人才培养模式已经达到极限，产业界迫切希望大学能够充分履行人才培养的职责。因此，对于大学来说，培养全球化人才的压力与日俱增，这恰恰反映了整个日本产业体系已经无法应对全球化进程这一残酷现实。

也许是为了应对社会流动性、无边界化以及不稳定性等一系列问题，大学知识生产的存在方式也在发生变化。这一变化中最具代表性的有以下几点：

第一，知识的市场化不断增强。彻底的市场主义开始逐渐支配知识的存在方式。例如从知识产权方面来说，人们渐渐变得只看重拥有知识产权所带来的经济利益。全社会本应深刻认识到“共有”（common）与“创造”（creation）两者之间的关系，也就是知识共享能够产生新知识，然而从好莱坞的电影产业、美国的医疗产业再到国内的文化产业，都只以是否能“赚钱”来衡量知识的价值。

第二，知识的全球化。例如，泰晤士高等教育（Times Higher Education）以及世界高等教育研究机构QS（Quacquarelli Symonds）等组织发表的“世界大学排名”都是当下能够影响到全世界所有大学的要素，而是否以英语作为第一语言进行教学和研究又是其中决定排名的重要因素。也就是说，不论用日语写出多么优秀的文章，也无法在世界范围内得到认可，在英语期刊上发表文章或在国际学会上用英语发言、在校内用英语授课等越来越受到重视。

第三，知识的数字化。它指的正是从纸媒到数字媒体的转变，即知识基础的迅速转型。谷歌的搜索系统和其他各个领域的数字档案正在不断发展，而诸如慕课（Massive Open Online Courses）这样的大规模线上教育模式也在不断渗透。慕课是在OCW（Open Course Ware）这种授课影像的基础上增加了基于互联网的公开模式，使得制作方能够通过媒体的双向化把握学习者的反馈、理解程度以及学习能力等，学习者的信息也能够在多方面得到利用。教育的线上开放和基于学生立场的远程可视化逐渐结合，使得万人同时在线成为可能，同时也使得人们被全球化分割为不同的阶层并逐渐固定了下来。

第四，知识的复杂化、细分化。现在的知识比以前划分得更加细致，导致对知识进行整体把握的难度提高。失去了整体性的视角，许多研究者就只会将自己束缚在狭窄的领域里闭门造车，逐渐陷入恶性循环。研究者一旦陷入某一狭小的领域，就会热衷于坚守这一领域的“纯粹性”，使得该领域逐渐趋于闭塞。也就是说，在无边界化的大背景下，知识界不同领域之间的“通风”效果反而越来越差了。

少子老龄化背景下“大爆发”的大学

以上四点均是动摇大学作为知识机构的存在方式之基础的外部环境因素，而且这些变化是在同时进行的。当然，在这个过程中，大学扮演的角色也在发生根本性的变化。知识基础发生戏剧性变化的过去的 1/4 世纪以来，大学危机不断加深。从内部结构来看，大学自身也在不断生成危机。这一危机，就是少子老龄化背景下大学数量的爆发式增长。

1945 年日本战败时，全国只有 48 所高校，而到了 1949 年，学校开始向“新制大学”转变，此前的高中、专科学校等都加入了“大学”的队伍。到了 1950 年，大学数量增至 201 所。此后这一数字不断增加，1960 年为 245 所，1970 年为 382 所。在这个时期，此前“婴儿潮”之中出生的人口逐渐成年，导致 18 岁人口数量激增，因此大学数量相应增加也在情理之中。但大学数量的激增也依然无法赶上人口增加的步伐，大学入学考试的激烈程度与日俱增，导致了大学入学难等问题。

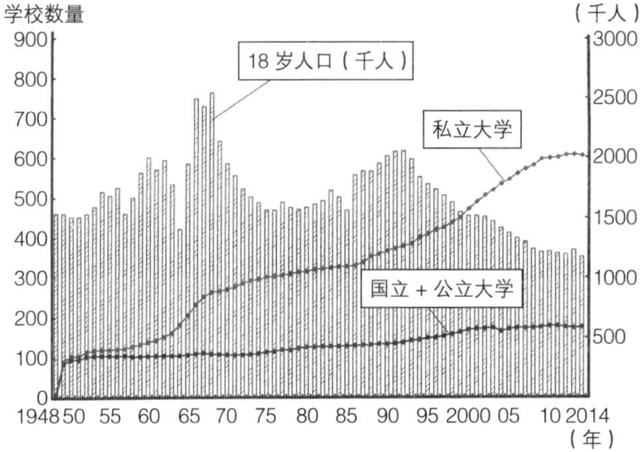

本图依据《日本统计年鉴》及《学校基本调查报告书》中的数据绘制

图 2　战后日本 18 岁人口与大学数量的变化（1948—2014 年）

然而，从上世纪 70 年代中期开始，人口的高速增长趋势开始变缓，18 岁人口从 90 年代初开始转向负增长。原本，政府应该在这个时期停止增设大学，或者着手进行彻底的社会体系结构改革，规定大学只能招收高中毕业的 18 岁人口，企业只能录用大学应届毕业生。但是，这一结构改革却没有充分展开，并且在新自由主义背景下放宽办学条件的大潮流中，大学数量不减反增。1980 年时日本的大学数量增加到 446 所，1990 年为 507 所，2000 年为 649 所，现在全国约有 780 所高校。也就是说，自上世纪 90 年代初以来，一方面 18 岁人口不断减少，另一方面大学数量却增加了约 270 所。

为什么会产生这样的现象呢？自上世纪 80 年代中曾根政权时期开始，新自由主义倾向不断增强，文部省放宽了大学办学条件，进入 21 世纪以后，更是在政策上倾向于为新办大学提供宽松的环境。放宽办学条件导致各个地方的组织都基于自身目的而不断创办新的大学。

我认为，90 年代以后新增的 270 所学校完全是多余的。从日本的人口规模来看，要想守住大学作为高等教育机构的办学质量底线，500 所已经是极限了。即便如此，从 1945 年的 48 所增加到 500 所，也相当于增到了 10 倍以上，大学的增长率也远远超过了人口的增长率。然而，实际上现在有大约 780 所高校，也就是说数量增到了原来的 16 倍以上。与此同时，18 岁人口，乃至总人口却在持续减少。如今的人口数量已经无法支撑这些大学继续生存了。

“报考者营销”的崛起——“寒武纪大爆发”的时代

如此一来，为了能够足额招生，许多大学开始进行各种勉为其难的操作。我把这一操作称为“报考者营销”逻辑。大学的运营不再是基于“研究知识”的学问逻辑和“培养人才”的教育逻辑，而是基于“兜售资格证”或是赚取报名费和学费的营销逻辑。如此一来，大学的形象公关和面向各个高中的“市场营销”就变得尤为重要。

如今我们可以看到，在电车内、街道边以及各个大学校内都增加了许多大学的形象宣传海报。原本属于教育体系的大学，在宣传为何培养人才、培养何种人才、为了培养这样的人才设置哪些课程之前，首先搞起形象宣传，招募对自己感兴趣的“报考者”。于是从某一时期开始，大学一下子走下神坛，变得“平易近人”了。如今，尚未失去“权威的象征”这一光环的恐怕只有东京大学和京都大学了。

如今，“报考者营销”逻辑已经在大学中有了相当程度的渗透，这一点从大学每个学部的名称中就可窥见一斑。二战以后以及经济高速增长期，虽然大学数量也在增加，但直到上世纪 80 年代中期，学部的数量一直都没有什么变化。1975 年全国大学的学部名称共有 69 种，进入 80 年代后增加到 78 种，1985 年增加到 80 种。虽然一直在增加，但是 10 年也只增加了约 10 个，平均每年 1 个。法学部、医学部、文学部、理学部、工学部等“单字学部”（“学部”名称只有一个字）仍然占大多数，最多也就是在此基础上增加国际关系学部等少数学部。

然而，进入 90 年代后，情况发生了根本性变化。1990 年，学部名称从 1985 年的 80 种增加到 97 种，到了 1995 年，更是猛增到 146 种。一直到 80 年代末，大学学部名称一直维持在 100 个以下，此时诸如“人间科学”“国际关系”“经营信息”“国际文化”“环境信息”等以“国际”“环境”“信息”“文化”“人间”为关键词组合而成的四字学部名称开始流行。也就是从“单字学部时代”向“四字学部时代”转变。然而到了 90 年代，虽然还在继续开设“四字学部”，但又出现了新的流行趋势，即开始向“传播（Communication）学部”“计算机（Computer）理工学部”等“片假名学部”[2]转变。可以说在全球化的大背景下，大学在不断摸索更有“卖点”的学部名称。

到了 90 年代后半期，学部名称的增加趋势已经难以阻挡。1995 年 146 种，2000 年 238 种，2005 年 377 种，2010 年 482 种。从 1990 年到 2010 年的 20 年间，总共增加了 385 种，平均每年增加 19 种。90 年代以后，日本大学的学部名称可谓经历了“寒武纪大爆发”。

在这一“寒武纪大爆发”的过程中，名称的多样化尤以 21 世纪以后增加的学部为甚。例如“康复（Rehabilitation）学部”“人类介护（Human Care）学部”“健康规划（Health Producer）学部”等，多半是为了应对老龄化社会中最为重要的保健医疗这一关键主题而产生的。果真如此的话，还不如直接叫作“老龄化社会学部”。但这些学部却使用片假名，通过加入“介护（Care）”“规划（Produce）”等关键词而塑造一种“平易近人”“体贴”的形象。

同样，从“21 世纪亚洲（Asian）学部”“服务（Hospitality）观光（Tourism）学部”“流行文化（Pop Culture）学部”“动画（Animation）文化学部”“全球

[2] 在日语中，英语等外来语常常根据其日本式发音以“片假名”表记。括号里带有英文的部分在原文中均为用片假名表示的外来语。

媒体研究（Global Media Study）学部”等名称中可以看出，这些学部是以全球化、媒体文化以及观光等方面为主要课题。它们在不久之前还是属于“国际文化学部”的一部分，由于与既有学部之间产生了差异，就利用片假名标识的宣传语，以“文化（Culture）”“全球（Globe）”“观光（Tourism）”等为名，营造出一种与时俱进的感觉。其他诸如“城市生活（City Life）学部”“现代生活（Life）学部”“生活设计（Life Design）学部”“动机（Motivation）行为科学部”等也在不断增加，由于其中包含的外来语在日常生活中也作为普通词汇使用，因此单凭这些名称无法判断其内涵。

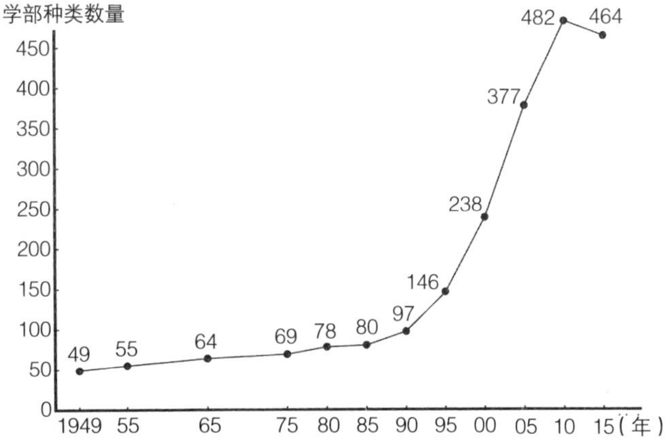

本图依据文部科学省的资料及《学校基本调查报告书》中的数据绘制

图 3　大学实行“新制”以后的学部种类的变化（1949—2015 年）

总体来说，上世纪 70 年代以后，大学的学部名称开始从“法学”“医学”“工学”“文学”等向“政治学”“社会学”“教育学”等转变，从表示特定学科领域（Discipline）的名称向着“信息”“环境”“生命”“文化”“国际”等表示研究对象的名称转变。催生这些变化的背景中，有学问的国际化、无边界化等因素。70 年代以后，新的知识创造与其说是从零开始创出新的学科领域，不如说是以各种近代知识为桥梁，建构跨学科的知识共通性。

这一知识的“跨学科”性应该围绕着特定的现代课题建构，并逐渐形成特定的领域。然而在这一过程中，即便是尝试以课题为中心创造跨学科的知识而设置的学部，也会随着时间的推移逐渐趋向优先保护自身组织的稳定性，使得其“跨学科”性趋向闭塞。这是入学新生以学部为单位进行专业分配这一体制自身导致的必然结果。要想扭转这一倾向，则必须对“大学”“学部”等教育体制本身进行根本性的结构改革。

话题回到学部名称本身。不管怎么说，90 年代以后，在老龄化、全球化等现代社会发展变化的背景下，学部名称逐渐体现出旨在培养“设计（Design）”“规划（Produce）”“管理（Manager）”等以外来语命名的职业人才这一目的。这表明大学越来越向“职业培训学校”靠近，但直接用汉字来显示有些过于露骨，于是借片假名表记来增加解释的空间，并辅以啤酒品牌式的广告宣传，在消费社会中比拼商品的“个性化”。

世界规模的大学“寒武纪大爆发”

2010 年以后，日本大学学部名称的“寒武纪大爆发”时代基本结束。2015 年，学部名称总数为 464 种，比 2010 年的 482 种有所减少。不得不说，学部名称数量的增加必定导致其内涵的贬值。除了传统的医学部、法学部和经营学部还能招收到有较强学习本专业意愿的学生外，很多考生在报考时可能不再抱有“我想要从事这个领域的工作，所以选择这个专业”的想法。虽然这种想法原本就没有在日本扎根，但学部名称的增加使这种现象更为普遍，仿佛是陈列在超市柜台上供人根据名字来推测其味道并进行选择的食品一样。

即便如此，日本的大学今后应该也会不断装点门面，并努力继续进行“报考者营销”的战略。从根本上来说，日本大学的数量与国内的 18 岁人口相比已经过剩，因此，哪怕是瘸子里面挑将军，也要努力在高中应届毕业生中抢夺更好的生源，竞争堪称惨烈。若不如此，就必须以开办成人教育、增加成人入学考试来填补招生缺口，或者超前推进国际化，大幅增加留学生数量。目前看来，只有上述三个选项。关于国际化，已经有立命馆亚洲太平洋大学、早稻田大学国际教养学部等确立了明确的方针和运营体制，很多大学都纷纷效仿这种立命馆-早稻田模式。此外，还有位于秋田的国际教养大学，该校将这种国际化（大学生知识学习的国际合作及国际流动等）方针与抢夺生源的战略相结合，取得了相当大的成功，曾一度成为热议的对象。

从立命馆大学、早稻田大学以及国际教养大学的例子中可以看出，若想在持续减少的 18 岁人口中维持大学的魅力，国际化与吸引优秀的留学生是极为重要的因素。但是在这个方面，日本的大学今后也将长期面对较为严峻的形势。

下面让我们来看一看目前全球的大学数量。前文中已经说过，日本目前有大约 780 所大学，美国有 2600 至 3000 所（以上数字指的是四年制大学，若包含两年制大学则有 4700 多所）。也就是说，美国的大学数量将近日本的 4 倍。中国的大学数量约为 2400 所，但其中有一半左右是大专〔3〕，因此中国大学的数量大约是

〔3〕日语中的“短大”（短期大学）放在中国语境下，相当于大专。但是由于制度不同，故原文提到日本及其他国家的“短大”时，译为“短大”，提到中国的“短大”时，译为“大专”。

日本的 1.5 倍。俄罗斯有大约 1000 所大学，英国、德国大约有 300 所至 400 所，这些国家都没有出现日本这样的“新办大学泡沫”的现象。

韩国的事例更引人深思。韩国的四年制大学仅有 200 所左右，包含短大在内有大约 400 多所。虽然从工业到文化各个方面，日本与韩国都有许多相似之处，但韩国的大学政策却没有催生出日本那样的“大学泡沫”。这也维持了韩国大学的权威性和大学入学考试竞争的激烈程度。究其原因，有家长式儒教伦理的残存，以及大学教育与政府机关高官之间高度的流动性的影响。我也在与韩国大学教师日常交往中深刻体会到，韩国大学教授的权威性远远高于日本。此外，韩国人对于这一权威的持续不断的“憧憬”，也使得韩国留学生比如今的日本学生更加勤奋。这一现象，恐怕所有奋斗在高等教育一线的同僚都有切实的体会。

回到有关大学数量的话题。全世界的大学加起来能够达到10000所左右，假设每所大学平均有几千名学生，那么全世界大学生总数约有几千万人。也就是说，有如此数量庞大的年轻人在世界各地学习各个领域的知识，并为了得到工作机会而互相竞争。这一庞大的数字，也给大学的未来带来了诸多可能性。我相信，大学有改变未来世界的潜力。但是，这个数字对于拥有 780 所大学的日本来说，却是一个风险。如今，全球化程度不断增强，英语成为世界通用语言，全世界有将近 10000 所大学在教育、科研领域相互竞争。日本的大学能够在这样的背景下生存下来吗？依我看来，恐怕情况不容乐观。

虽说现在已经进入了“知识基础型社会”，但每年全世界有超过 1000 万人规模的大学毕业生，他们的知识与技能真的能以“学以致用”的形式被社会所需要吗？所谓的“正常的”大学会根据科学的培养方案让学生掌握知识以及认识问题的方法，并授予他们相应的学位、输送到社会中去。但是，如此一来，能够认为在大学中学到的知识可以切切实实地应用于实际工作当中的人，恐怕是难得一遇的幸运儿了。国内自不必说，大学数量在全世界范围内都处于过度增长的状态。对于这些大学来说，对如此数量庞大的学生继续行使教育任务的意义何在？迎合企业和行政的需求，将大学炮制成一种职业培训机构，这真的是大学唯一的生存之道吗？如果这只不过是一种大学的自我否定的话，那么这 10000 多所大学又如何在世界范围的激烈竞争中求得生存的机会？在本章及下一章中，我将分阶段地对这个问题进行思考。

大纲化、重点化、法人化——新自由主义背景下的大学改革

研究生院重点化、本科院系及研究生院的日美差异

首先必须说明的是，如今日本大学面临的危机，不仅仅是上述人口减少的同时大学数量增加、知识的市场化，以及世界范围内的“大学爆发”等宏观变化所带来的。上世纪 90 年代以后，文科省主导的大学政策也是导致这一危机的原因，包括大学大纲化，也就是放宽教养教育的限制，以及研究生院的重点化、国立大学的法人化等三个政策。其中，放宽教养教育限制的结果已经在第二章详细论述过了。国立大学的法人化如何使得大学内部产生贫富差异，也已在第一章论述过。因此，我将在这里说明最后一点，也就是研究生院的重点化给大学，尤其是顶级大学带来的影响。

日本的大学与欧美相比处于劣势，这在很多人眼中是不争的事实。而大学研究生院重点化的目的，就是为了提高日本研究生培养的水平，并能够在全球竞争中立于不败之地。因此，实施了研究生院重点化的大学将教师的讲座（指该教师在大学内部所属的教学、科研单位）

从本科院系迁移到了研究生院，如此一来，每个讲座所能获得的来自国家的拨款都能增加，同时研究生招生名额也能大大扩充，最终实现让日本的顶级大学培养出更多的博士这一新目标。但是，在这种种变化之中，却很少有人认真思考过这个问题：日本顶尖水平的大学教育到底经历了怎样的发展历史，才得以维持现在的水准呢?

第二章已经提到，战前的日本大学基本上属于德国-欧洲模式。这一模式下，精英的教育培养主要由旧制高中承担，在所谓的“University”也就是大学里，学生在洪堡理念的核心——“研究与教学的一致”这一方针下，文科开办“研究组会”（Seminar），理科生在教授的带领下一边在实验室里进行研究，一边学习专业知识。这一形式在如今的大学里，相较于本科生教育，更接近于研究生的培养模式。

然而，作为美军占领期的教育改革之一，此前的专门学校和高中的一部分被升级为大学，不仅如此，大学中还大量引入了文理学院型的一般教育科目，以此建构新型大学人才教育培养的基础。于是到了战后，日本大学的本科前期（大一、大二）教育属于美国模式，后期（大三、大四）教育又转变为德国-欧洲模式。

由此必然产生了关于研究生院定位的问题。在美国式的大学体系中，研究生院的定位是非常明确的。所谓的大学，即本科教育是在“College”进行的博雅教育（或者通识教育），在此之上的研究生院则在研究与教学结合的基础上培养学生学习专业知识。然而在日本的大学，这样的专业教育早在战前就已经作为大学教育的核心部分进行运作了。战后，引入了通识教育的科目，大学教育成为了“College”型教育和“University”型教育的混合体。也就是说，即便是到了战后，在美国属于硕士研究生培养阶段的课程，在以旧帝国大学为首的国立大学以及早稻田、庆应等顶级私立大学中，作为本科高年级课程早已付诸实际了。此外，如果要将教育管理的实质摆在重要的位置，那么研究生院的使命就是给那些相对人数较少的群体，也就是那些立志成为学者的人提供专业学术训练。大学中教学岗位和研究岗位并不充裕，因此研究生名额有严格的限制也是理所当然。

然而，上述“定位”问题是就实质内容而言，作为制度形式，本科就是本科，研究生院就是研究生院。20世纪后半期开始，世界高等教育体系开始向着美国模式的大学本科-研究生院体系统一，人们开始理所当然地认为接受了专业教育并被授予“硕士”“博士”学位的人，其“水准”应该是有充分保证的。一直到 20 世纪末，研究生院的职责不仅仅是在大学和研究机构中进行专业研究，从更广泛的意义上来讲，也被赋予了培养专家和保证人才质量的职责。当然，这些都是很早以前美国大学的研究生院一直在履行的职责，从美国的社会结构来看，保证广义上的“专家”的水准正是研究生院的使命。

研究生院重点化带来的两个结果

上世纪 90 年代日本大学研究生院重点化政策的失败，根本原因在于忽视了上述美日大学专家培养方面的历史差异，以及研究生院与社会结合状况的差异，而仅仅将“研究生院”作为一个单独机构，企图将日本的模式“美国化”而已。研究生院重点化若想获得成功，在将其作为大学政策推行之前，首先要视为社会政策加以考虑，要确保日本社会各领域专家的地位，并建立保障体系，保证在大学取得研究生学历的人才能够不受所属机构的束缚，从事专业研究工作。然而，在尚未整体把握专业研究型职位的状况的情况下，研究生院重点化这一政策已在不断推进，在越来越多的大学中执行，这至少导致了两个严重的后果。

第一，研究生院的实际水平低下。重点化导致研究生大幅扩招，很多原本放弃攻读学位的学生也获得了入学的机会。然而，这一现象并没有立刻就导致研究生培养的质量下降。相反，学生数量的增多有积极的一面，它使得一直以来都没有规范化的、以精英主义教育为主的研究生培养基盘更加坚实，课程设置的规范化也不断推进。

然而，这一改革所带来的问题，在重点化后的第一代研究生开始攻读博士，并面临严峻的就职形势之时显现出来了。这一问题在于，重点化以后，硕士、博士研究生数量虽然大幅增加，但不论是大学教师岗位还是研究机构的研究员岗位都没有相应增加。就像入水口的水流量增大了，但出水口的大小却没有变化，这必然会造成水管堵塞，水流最终会冲破水管从侧面喷射而出。优秀的学长学姐千辛万苦拿到学位，却在毕业后辛劳度日，这一现实足以使他们的后辈望而却步。从 2000 年到 2010 年，原本应该会继续攻读研究生学位的优秀学生，文科生会在本科升硕士阶段，理科生会在硕士升博士阶段，察觉到读研的风险，并为了规避这一风险而选择在企业和政府机构就职。

优秀学生不再选择攻读研究生学位，这给研究生院带来各种负面影响。在这种情况下，许多研究生院为了尽可能地填补招生名额的缺口，不断降低入学门槛。这一现象导致了螺旋式的负面效果，滋生出“那种水平的学生也能读研，那研究生也没什么了不起”这样的观念。而这又进一步导致优秀学生不再愿意继续攻读学位的恶果。

此外，抱着“我在大学入学考试时没有被 A 校录取而去了 B 校，要是考研的话一定要考 A 校”这样想法的学生越来越多，产生了 B 大学的本科生考研时选择 A 大学，C 大学本科生考研时选择 B 大学的这种现象。这一现象被一部分媒体讽刺为“学历翻新”（Laundering）〔4〕，显示出人们对研究生学历的信赖程度越来越低。最终，文科省制定的研究生院重点化政策导致了与其意图完全背道而驰的结果，不仅没有让日本大学的研究生教育水平得到提高，反而造成了一定程度的下降。

研究生院重点化带来的另一个问题，是在实施了重点化的大学里教师观念的变化。在很多重点高校里，一直以来在本科高年级阶段就已经开始实施与研究生阶段相同水平的专业教育了。在这些大学里，本科阶段的专业教育才是教学研究的重中之重。

然而由于实施研究生院重点化，教授和副教授的归

〔4〕正如“Money Laundering”是洗钱的意思，这里作者想要表达的就是有学生想通过考更好大学的研究生来弥补本科学校不够理想的事实，此处译为“学历翻新”。

属机构从“学部”迁移到“研究生院研究科”，从“某某大学某某学部教授”成为了“某某大学某某研究生院某某研究科教授”。对于很多教师来说，现在自己是作为教授从属于某个研究科，并被临时“派”到本科学部去讲课的。对于研究生院，人们只重视究竟能培养出多少硕士和博士，而本科教育则成为美国的“College”型教育，注重博雅教育与通识教育。当然，如果学部的本科教育是真正的“College”型教育那也无可厚非，但是问题是，实际上本科阶段此前设置的专业教育并未停止，这就与研究生阶段的教育之间产生一定重合。在某些情况下，教授们会把主要精力放在研究生教育上，本科教育就有逐渐被荒废的危险。这也意味着从战前开始一直支撑着日本顶尖大学教育水准的根基已经开始逐渐被腐蚀了。

谁来解决大学危机?

政府及文科省的能力限度

如上所述，如今大学面临着多重危机。究竟谁能够解决这些迫在眉睫的问题呢?

首先，在这一点上我们对政府及文科省的期待不宜太高。实际上，从媒体及舆论对本次文科省通知的驳斥来看，“政府不要多管闲事”恐怕是当今人们最为普遍的想法。这种想法并非每次都是正确的，媒体舆论也对大学的实际情况缺乏了解，这一点在第一章中也做过说明。然而姑且不论媒体舆论的局限性，在全球化发展的当今世界，国民国家正在缓慢地走下坡路，这是不争的事实，因此不得不承认，如今政府、文科省已经无力扮演解决大学危机的中坚力量的角色了。

从目前的情况来看，政府及文科省试图通过将大学改革计划与预算相结合的方针来主导大学的转型。大学如果不积极配合改革，政府就会削减它们的运营拨款（即政府拨给大学的基础预算），降低评价，取消特别预算。大学方面对此抱有顾虑，因此对于文科省的政策基本上都会顺从。与欧美不同，日本的大学缺乏捐款等独立的财政来源，对来自国家的拨款依赖程度依然很高，如果以预算来“绑架”的话，恐怕所有大学都会乖乖就范。

这种预算诱导型的大学政策包含了巨大的风险。大学本应该通过自身的才学、实力以及能力等进行教育研究改革，并提出未来发展愿景，作为自律的主体进行自主发展。然而这样一来，这样的基础就再也无法建立。

各个大学对文科省言听计从，以此最大限度地获得预算。大学在这方面越是“得心应手”，就越难以从文科省的预算中解脱出来。然而，若要大学成为依靠自己的力量开创未来的主体，则需要一种力量去建立政府及文科省、企业及财团，还有在校生和毕业生这三个利害相关方之间的平衡关系。一部分私立大学确实已经拥有这一实力，但是大部分国立大学都尚未具备。政府及文科省的预算确实必要，但与此同时，政府还应该促使国立大学内部形成在不依靠预算的情况下推进自身改革的主体基础。

产业界的经验与大学改革

另一方面，大学是否能够向产业界转型呢？我认为答案是否定的。近年来，越来越多的企业前任领导去大学担任理事长、校长，但他们大多以失败告终。原因在于企业与大学的组织原理有根本性的不同。固然有不少产业界人士在政府举办的学界会议上发言并产生了较大的影响力，但是他们的发言并不是在理解大学这一组织的建构机制及其内部的教育、研究的推进方式等基本情况的基础上的，大多数只是将基于企业立场形成的理念直接套用在大学身上而已。这是因为对企业人来说，理解大学这一组织的建构机制以及其内部各项事务的运行方式并不容易。许多对企业来说理所当然、行之有效的方式在大学或许收效甚微，甚至可以说有百害而无一利。

之所以会发生“匹配不当”（Mismatch）的问题，主要由于大学与企业的组织建构机制有着根本性的不同。企业是自上而下运作的组织，拥有人事权和预算权的企业领导的指令有绝对权威。同时，企业领导也对其员工负有相应的责任。若不能依照这个组织原理进行运作，那么就难以迅速、有效地应对千变万化的外部环境，企业的业绩就会受到不良影响。对指挥命令体系的认同与否，是关系到企业这一组织能否正常运转的关键。

然而，这个原理在大学里却行不通。在大学这个组织里，每位教授、副教授各自“占山为王”。大学原本就是拥有高度知识水平的教师和学生的组合体，因此这个组合体的“门栓”应该是“真理”而不是“资本”。每位教师对学生负有教育责任，同时，对学问的真理负有伦理上的责任。这才是约束大学教授的思想和行为的最高规范。不能承担教育责任的教授、将谎言粉饰为真理的教授，都没有资格成为大学的一员。但在除此以外的其他方面，教授都应该拥有独立与自由的权利。这才是大学这一组织的根本原理，一旦否认了这一原理，这个组织就不再是大学了。

因此，在大学与教授之间建立起来的是各个独立的主体间彼此平等的关系，命令、指示以及“服务”关系在两者之间是不成立的。但是，在现实中，这种“平等关系”的建立却很难实现。大学如果要作为一个组织顺利运转，入学考试、课程设置、成绩评价体系等人才培养方面的实务性工作自不必说，科研项目的进行以及大学运营本身都需要牵涉方方面面的工作。此时，大学需要和一般企业一样，在负责人（领导）的指挥和命令下开展这些工作。因此，大学教师一方面具有“教授”“副教授”等各自独立的立场，同时还要兼任学部长、研究科长、委员长、处长、职员等组织运营方面的职务。在这些职务性的立场上大学教师所做的工作，与企业组织中的实务性工作并无实质区别，既要求有良好的工作业绩，也需要考虑到工作效率和实际利益，因此自上而下式的体系也是必要的。

容易让产业界人士产生误解的，正是支撑起大学组织的这一微妙的二重性。如果大学仅仅依靠企业性原理运转的话，那么组成大学根基的教授们的创造力就会被剥夺，这样的大学就会逐渐失去活力。无论如何，大学教师不会像企业人那样行动。

另一方面，如果说要将大学建设成由学者们组成的自律、平等的共同体，这又太过理想化，而且大学也无法成为具有创造力的组织。这是因为，所谓的独立性和平等性，就其本质而言就是守卫自己所属的领域、流派，不接受新事物的保守作风，以及与其他领域、组织井水不犯河水、但求无事的消极主义。教授们常说“学问的自治”，而“自治”这一主张也很有可能变成特权集团保护既得利益的借口。

大学的这种二重性，表现在以下两个层面：一个是各自独立的教授们承担起追求“真理”和教育“学生”这两个主要任务，组成平等的共同体的层面；另一个是作为活用知识的潜力与社会进行交流沟通的、具有可持续发展性的组织来运营的层面。这两个层面时刻都在接受内部调整，并进行相互转化，而这种二重性对于大学来说正是最根本的要素。它也与企业这样的组织有本质上的区别。从构成成员的独立性来说，也可以将大学看成与商店联合会相似的组织，但是从与“神”“国家”“全球”等具有超越性的权威结合，必须作为一个统合的组织长期运营下去这个意义上来说，大学又与天主教会这样的组织相似。神父们的独立性虽然比教授要弱，但他们将自己组织正当化的核心置于与世俗的价值观完全不同的层面上，从这个意义上来说，大学与教会、修道会等拥有相似的一面。近代社会绝不是仅仅依靠国家和企业就能够建构起来的，还需要依靠修道会、各种财团以及国际机构等多种形态的其他组织。大学也正是这些拥有古老历史起源、克服万难存活至今的组织之一。

“大学的事情大学做主”的幻想

既然政府、文科省以及产业界，都不能成为未来大学变革的核心主体，那么是否可以说，能够改变大学的就只有大学自己（尤其是其中的大学教授）呢？对于这个回答，我依然存疑。

上个世纪 90 年代以后，政府及文科省放宽了对大学的各种限制，并在各项事务上更大程度地尊重大学的自主性。结果导致在人口减少的状况下，大学数量增加过多，研究生院过度膨胀，供过于求的年轻学者面临着就职的巨大困难。大学内部专业之间贫富差距不断扩大，大学教授都专注于自己的专业领域，基础教养教育体系开始崩溃。这说明各个大学以及教授们虽然在自己的专业领域里按一般标准来看，也许都具有超乎常人的优秀素养，却欠缺对大学未来发展进行长远考虑的眼光及公共意识。从这一现实的结果中我们可以看出，所谓将大学改革完全托付给大学的自主性这一想法，只不过是一个巨大的幻想罢了。

原本支撑起“大学自治”根基的是教授会，但是教授会一般是由拥有“职权”（Faculty），或者说“教授权”的人组成的“行会”（Guild）型组织，大学行政职员、青年特聘教师、外聘教师、研究员以及学生都没有被包含在内。从数量上看，上述被排除在外的人群占大多数，而占少数的“教授”“副教授”却紧握各个学部和研究科的人事权和运营权，在各项决定上一手遮天，这就是教授会的现状。

在 1968 年的学潮中，举旗造反的学生们虽然对教授会闭塞、特权式的构架进行了批判，但随着学潮的完结，这些问题逐渐被人们遗忘，“教授会”又理所当然地成为了“大学自治”的基础。此外，由于教授会是以学部和研究科为单位组织的，因此无论如何，比起大学这一整体，各个学部的内部事务都会被放在优先的地位。换言之，只要大学的自治是以教授会为基础，那么实际上的“大学自治”就不存在，容易沦为“学部、研究科自治”，也就是各个组织“行会”式的各自为政。

教授会强大的自治权是日本大学的特点，而这一点在传统的国立大学尤为突出。其他亚洲各国的大学自不必说，哪怕是在理应早已确立“大学自治”精神的欧美许多大学中，教授会的权限也没有像日本的国立大学这么大。也就是说，在其他国家的大学里，相对于每个学部和学科的教授团体，大学行政部门的校长（President，相当于国家总统）以及学部长（Provost，相当于内务大臣）等人拥有更高的权限。

日本的大规模综合大学与欧美的大学相比，这种自上而下的结构较为脆弱，权力也较为分散，有相当一部分事务都是依赖于各个部门的“自治”。这也导致大学整体的治理体系当然不可能是企业式，也不可能是官僚式，倒不如说是“封建式”（每个庄园都拥有自己的自治权，各自为政，割据一方）更为贴切。因此大学内部各个组织之间的利益调整就需要花费大量的时间和精力，这也是造成日本大学改革难以推进的最重要原因。

改革的方向

政府及文科省对大学教育改革的诉求

最终，不管是政府文科省，还是产业界，甚至大学自身，都不能依靠一己之力改变日本的大学，尤其是在当前国立大学危机重重的局面下。这一现状与幕末时期颇为相似——明明“黑船”已经来袭[5]，人们却还固守幕藩体制。大规模大学（尤其是国立大学）也是如此，自上而下式的决策体系很难迅速发挥功能。如何应对新时代的“黑船来袭”，在“欧美列强”的全球性学术霸权不断推进的当下，如何一边调整远东诸大学内“封建诸侯”间复杂的利害关系，一边建立起统一的“学策”（区别于“国策”），这一问题困扰着日本的许多大学。

如果还在经济高速增长、文科省尚能对大学发挥出强有力的指导作用的时代，或许政府就能够直接制定政策并命令大学服从。然而现在政府及文科省已经失去了发挥“指导能力”的财政基础，这一“指导”再也难以生效。另一方面，就算产业界向大学提出要求，面对大学内部复杂的结构也是束手无策。就大学自身而言，目前的教授会自治架构也给大学的自我变革带来巨大的困难，改革决非轻而易举。幕末时期之所以能够改变这一艰难局面，或许正在于维新志士之间的精诚合作。然而现在，能有谁，又如何才能实现这种精诚合作呢？

大学在改革的主体承担者尚未明确的情况下，进入了21世纪，并接连不断收到文科省和中央教育审议会、

---

〔5〕“黑船事件”指的是1853年美国海军准将佩里率舰队驶入江户湾，并威逼日本打开国门的事件。

有识之士机构等国家层面的组织提出的各种建议、计划、劝告、通知等。例如，2012 年由文科省提出的“大学改革实行计划”中，作为大学教育实质性转型的具体政策，提出了“对提高教师教学能力计划的支持”“提高教育的国际形象”“包括研究生院在内的教育课程的体系化”“大学生在校期间学习成果的明确化”“高中大学教育合作的推进”等一系列政策。另一方面，中央教育审议会大学分科会的审议中，作为大学教育改革的具体政策，提出了“实行大学全校性教学管理”“培养以学生为主体的学习模式”“确保充分的学习时间，保证高质量的学习效果”“使培养方案体系化、可视化”“通过给科目进行编号整理（Numbering）实现教育课程的体系化”“导入（有关履修科目的）先修课程（CAP）制”“通过 GPA 的导入实现成绩的量化”“通过 FD、SD 提高职员能力”“完善学习支持制度”“衔接高中教育”等具体政策。

流动化社会中的质量保证

前文中提到了几个有些陌生的概念。所谓的 FD 是“Faculty Development”（教师发展）的缩写，“Faculty”这里指的是大学教师，因此 FD 指的是对大学教师的开发，也就是提高大学教师能力。其实，就算对教授不做任何要求，他们也会为了在自己的研究领域产出成果而不懈努力，因此 FD 的重点在于教学和国际化两个方面。尤其是教学方面，针对日本大学迄今为止没有实行过教学质量管理这一点，FD 提出了课程公开以及学生教学评价、教学设计培训和培养方案的制定、TA（Teacher Assistant）制度等能够提高教师教学能力的种种措施。同样，SD 是“Staff Development”的缩写，这里的“Staff”不仅仅包含行政职员，还包括大学的“管理者”（Administrator），而 SD 指的是旨在提高上述成员能力的种种措施。

此外，科目编号整理指的是大学对所有课程实施统一编号的举措。这一举措的重要性在于，在每个编号中，包含了这一科目的类别、难易度、上课方式等所有课程共同变量中的值。就算不去查阅这个科目的名称和简介，只要知道这个科目的编号，就能够了解它在所有课程中的位置。

如果能够给大学提供的上千门课程以统一的格式进行编号的话，学生就能够跨出所属学科和专业的狭小空间，也能够实现整个学校的课程的结构化〔6〕。从学生

〔6〕课程的结构化指的是将学校课程体系中各种课程类型及具体科目进行组织、搭配并形成合理的关系与恰当的比例。

的角度来说，自己已经选修了哪个模块的科目，下一步应该选择哪个模块的科目等也就一目了然。如果科目编号能够在校际间实现联网的话，那么跨校选修课程、互认学分就更加容易实现。科目编号就像通过汇率实现货币兑换一样，是在保证各个学科和课程的教学质量的同时，给予课程设计更高的自由度，并实现不同学校间选修学分的互认为前提而提出的方案。

以下针对 GPA 进行说明。所谓的 GPA，指的是“Grade Point Average”，也就是平均学分绩点。但是在日本的大学，评分通常不采取百分制，而是采取 A、B、C、D 或是“优、良、合格、不合格”这种等级制。此外，不同的科目学时有多有少，在 GPA 中所占比重也不同。将上述所有因素考虑在内，并将学生取得的成绩进行综合量化之后得出的平均数就是 GPA。一般来说，“A”或“优”相当于 4.0，“B”或“良”相当于 3.0，“C”或“合格”相当于 2.0，也就是说，如果一个学生的 GPA 达到“3.8”，那么基本可以判断这是一位非常优秀的学生。相反，也可以断定 GPA 为“2.4”的学生在学习上不够认真勤奋。

若要使 GPA 的数值具备充分的可信度，就必须在成绩判定时做到公平、公正。如果给所有出勤的学生都评为“优”，那么即使这门课程深受学生欢迎，也依然属于有损 GPA 可信度的行为。如果这种现象没有得到有效遏制，那么这所大学整体的 GPA 可信度就会彻底丧失。总体来说，欧美的大学能够在成绩评判和计算 GPA 时做到严格把关，GPA 的可信度较高。如此一来，不论是本科阶段的转专业还是升入研究生院，都没有必要再举行专门的入学考试，只要参照学生在大学期间获得的 GPA 数值，达到一定数值以上的学生即可获得面试资格，举行面试后再决定该学生是否被录取即可。提高 GPA 的可信度，对提高学生在大学之间的流动性具有重要的作用。

如上文所述，进入 21 世纪以来，文科省等部门试图推行的种种教育改革的提案都基于一种问题意识，即在流动性不断增强的现代社会中，如何能够保障教育的质量。各个学年、学科、学部、大学乃至政府都曾经关门闭户，认为只对属于自己学科的学生进行单线条的教育就已足够，但那样的时代已经结束。若要让学生将知识学习以有效的方式进行组合，大学必须给他们提供条件，使他们能够横跨学科、专业，根据自身的问题意识并考虑想要获得怎样的能力，用立体的眼光来选择科目。此外，在某些情况下，跨越学年的限制，提前选修高年级课程或是补修低年级课程，也能够深化整个大学期间的知识学习。目前，跨校选课、留学或参加国外大学的暑期项目，或者在国外交换留学一学期甚至一学年等安排，也就是现在不少大学生口中所说的将“home”（本地学习）与“out”（外地学习）加以有机结合的制度，尚未在日本的大学里真正建立起来。

产生变革主体的三个条件

为什么上述改革在文科省采取措施之前，并没有在日本的大学里实现呢？从整体来看，除了一部分私立和公立大学之外，几乎没有大学先于文科省的方针成功实现新时代的教育改革。尤其是以旧帝国大学为首的国立大学，虽然坐拥能够左右日本所有大学发展方向的雄厚实力，却是在文科省各项政策的督促之下，才勉为其难地将这些改革措施整合成形。

为什么日本大学做出改变如此之难？其中一个答案，就是日本顶尖的综合大学，尤其是国立大学里没有建立起一种自上而下的体制，让大学行政部门在保障教授们的独立性和自主性的同时，在大学运营和教育体系方面发挥主导作用，并推进改革。如果所有的改革措施都必须得到所有本科院系、研究科的认可才能够继续推进的话，那么大学必然迟迟无法做出改变。日本国立大学里没有建立起在一定范围内采取自上而下式决策的体制，这也拖后了日本大学改革的进程。前文所述的各项事务，也需要花费大量的时间和精力才能够协调好各方之间的利害关系，这种压力会落在原本抱有改革意识的教授、副教授身上，导致他们心力交瘁。

究竟怎样做，才能够在认可大学教授的学问独立性和自主性的同时，打破他们在组织运营方面想要固守既有权益的这种保守心态，将大学建设为一个能够灵活应对新形势，并具备高效性和战略性的组织呢？一方面，若支撑大学教授知识创造性的独立性和自主性丧失的话，也就得不偿失了。大学既然是大学，教授的独立性和自主性必然是根本前提。另一方面，若要克服现代大学的困境，仅有基于独立、平等和自由精神的意见统一机制是远远不够的。我认为，大学既然是一个组织，那么将以下三种方式结合在一起的统合力是不可或缺的。

第一，拥有共同的愿景。大学是以学问的真理为基准的知识共同体。但是如今，大学既不像中世纪那样，“真理”是在“神”的注视下建立起来的，也不像是 19 世纪到 20 世纪那样，作为“国家”理性的体现而被定义出的。进入 21 世纪以后，支撑大学里知识探索的基准点，是未来的“全球社会（的可持续发展性）”。虽然我不认为大学有必要为世界排名时喜时忧，也不认为仅凭是否获得诺贝尔奖就能评判一位学者的学问卓越与否，但是21世纪的我们就是生活在这样的“全球社会”，大学所追求的也是以“全球社会”的未来为基准的价值观（即追求具有世界性的卓越）。因此，在这样的大前提下，各个大学必须思考的是，根据自身特点能够创造出怎样的愿景，同时从教职员到学生也必须共享这一愿景。

第二，实行合理的奖励机制。虽然奖励机制中包含各种各样的要素，但最为“简单粗暴”的莫过于经济上的奖励。对于那些在承担大学教授工作的同时还对组织运营〔7〕做出特别贡献的成员，要根据其贡献大小给予合理的奖励。这一基本的制度似乎在国立大学内部并未形成。由于教师们做任何事情都不过是“义务”，因此那些缺乏使命感的教师会尽可能地逃避行政事务，要么专注于自己的研究，要么受聘于外部组织并收取一定的报酬，巩固社会地位。在现实面前，这才是“聪明”的做法。换言之，这里存在着一种披着“平等”外衣的“不平等”。在日本的大学里，教师之间的平等原理发挥着强有力的作用，尤其是薪酬方面，基本是按照年龄和工龄计算的。由于在教学和行政工作方面对大学的贡献并

〔7〕指各种行政工作，下文译为行政工作。

没有反映在收入里，因此不管付出多少，也难以得到经济上的回报。

或许在某些人眼里，根据工作情况给予报酬有失体面，针对这种情况，还可以考虑另外一种“人事奖励机制”。对于大学教师来说，科研是自身存在的价值，是工作中不可或缺的部分，一般在这个方面无须鞭策。但是在教学方面，有些教师能够对学生以诚相待，有些教师却做不到。而在行政工作方面，很多教授不擅于处理此类事务，其能力也是千差万别。“强扭的瓜不甜”，就算是把行政工作和教学工作强加给那些毫无干劲或是能力不足的教授，也难以收到理想的效果。而那些工作热情与工作能力兼具的人却不得不背负过重的负担，这岂非“不平等”？如果说还有经济奖励之外的方法能够扭转这种“不平等”的话，给学者配备年轻助教不失为一个良策。也就是说，给那些教学任务、行政事务过重的老师配备年轻助教辅助其工作，并给予足够的报酬。这样的措施在理科学部已经开始初具雏形，但是由于预算不足等原因，文科学部还远远没有开始实行，这也是导致文科专业实力整体下降的原因之一。

第三，实现承担大学运营事务的学术管理人员（Academic Administrator）与教授的分工，并在两者之间建立起一定的平衡。在这一方面，国立大学远远落后于私立大学。在私立大学里，行政组织结构非常完善，有一部分学校行政部门已经和教授之间形成了某种平衡关系。而有些学校却将行政人员与教员的关系彻底颠倒，教授们受到学校理事长下属行政部门的直接管理，作为大学根基的教员的独立性和自主性因此受到损害，问题不容忽视。但是在国立大学里，行政事务的权限又大多都握在教员手中，行政部门则一直处于“等待教授指令”的状态。于是，教授们就会陷入一种错觉，认为行政工作就是自己的本职工作，导致了大学教授之间官僚作风的蔓延。如果这种情况一直持续下去，那么承担大学行政工作的人员和担任教学科研的教授们之间的分工就会越来越难以确立。

大学从“甲壳类”向“脊椎动物”的进化

日本大学中的五重壁垒

对于试图在 21 世纪的全球社会生存下来的大学来说，最重要的是必须建立在教学和科研两个方面都能够保持高度水准的组织结构，以应对人、知识、资本等所有方面都在向流动化、无边界化方向不断发展的世界。

近年来，来自文科省和中央教育审议会等部门的“通知”“建议”等层出不穷，其关注点用一句话总结的话，就是在流动性加速、迄今为止被认为理所当然存在的界线已经逐渐模糊的现状下，如何保证高等教育的质量。对于那些认为包括学年、学科、学部、大学以及政府等的重重壁垒在 21 世纪依然会继续存在的人们来说，这一危机是难以理解的。但是，如果思考一下上世纪 90 年代以后的全球化使世界发生了怎样的改变，以及现在全球正在发生怎样的改变，就能够明白，“壁垒的崩塌”已是大势所趋，难以阻挡。从全球化到终身雇佣、论资排辈型体系的崩溃，在这一流动的浪潮中发生的事具有明显的联动性，并将最终动摇大学的根基。

但是，即便如此，和企业以及地域社会相比，大学依然处于相对牢固的壁垒的守护之中。目前，这样的“墙”一共有五堵。首先是“入学考试”之墙。要想进入大学学习，必须跨越“入学考试”这一堵厚重坚硬的墙壁。尽管高中生们对“墙”那边的风景一无所知，却被告知“不管怎么样先跨过去再说”，在高中时代投入大量时间准备入学考试。日本高三学生的成绩提高速度之快，在全世界范围来看都是罕见的，这也保障了日本大学新生的整体水准。但随着时间的推移，这一水准已难再维持。

如果说“入学考试”是进入大学时遇到的“墙”，那么“求职”就是离开大学时不得不跨越的“墙”。与入学考试时一样，学生们丝毫不知“墙”的那边有怎样的未来在等待着自己，总之要先跨越“求职之墙”，成为企业的正式员工再说。“学生求职”如今已经成为“举国盛事”了，而大学与社会也是通过“学生求职”活动建立起关系来。

第三堵“墙”是“学部之墙”。有人说，存在于日本的并不是所谓的“University”，而是“United College”（学部联盟）或者说是“United Schools”（系所联盟）。在规模较大的综合大学里，隶属于哪个学部比隶属于哪个大学本身意义更为重大。在许多大学里，入学考试是以学部为单位分别进行的，课程设置的细节也是各学部自行决定的，因此学校整体的教学体系难以完善。每个学部、专业的学生名额都有着严格的限制，这一框架难以被打破。

第四堵“墙”是“学年之墙”。日本的大学与中小学一样是学年制，每个学年应该取得的学分也是固定的。以学年来进行阶段划分是“批量生产”的思路，虽然效率较高，但在大学里并非必要。只要将提高学生能力的必要科目进行编排，并制订相应的教学计划即可。这样一来，学生只要获得规定的学分就能够获得相应的学位，不用再受到学年的限制。

最后，第五堵“墙”是“语言之墙”。日本的大学以“战后”这一时间点为契机，将国家封闭于“日本语”这一语言屏障之中，实行“锁国”政策。尤其是人文社科类专业，外语文献的日译极为兴盛，而日语文献的外译却几乎无人问津。学者们一直困在日语的世界里将学问的言说进行系统的建构，产生了知识语言世界的一种“加拉帕戈斯（Galapagos）效应”[8]。虽然他们博古通今，也一直在从事高水平的研究，却在与外国语言世界双向交流这一方面始终滞后。

例如，很多学生和大学教师认为英语教学、英语报告会损害用母语表达时严密的逻辑水准，因而尽可能避免使用英语。与此同时，他们经常引用外语文献，使用翻译成日语的书籍。虽然在日语世界中建构起来的人文社会科学知识体系大多有着较高的水准，但如果过于局限于此，从“表述行为的”层面来说，实际上是在构筑“语言之墙”。另一方面，如果那些严谨而深刻的学术讨论仅用日语展开，对那些日语非其母语的外国留学生

---

〔8〕加拉帕戈斯是南美洲的一个群岛，达尔文曾在该地发现生物在其中发展出过度适应环境的现象。在商业语境中，该术语指在孤立的市场环境下，独自进行“最适化”而丧失和区域外的互通性，无法匹敌来自外部的适应性和生存能力高的品种，最终陷入被淘汰的危险境地的现象。

来说也是一种不公——要求他们的日语达到那样的水平未免有些过于自说自话了。换言之，将学术讨论限于日语这一种语言，已经在母语非日语的学生和学者面前筑起了“语言之墙”，并阻挡了来自外部的一切“监督”。

如果这样的状态逐渐被视为理所当然，那么用日语进行的学术讨论的价值就无法在全球的视野中受到客观公正的评价。东京大学教授葛西康德曾说过：“日本的大学本科课程就是一座‘独立山峰’，是高是低难以判断。”（《复合型学术管理：全球化时代的学士课程》[9]，《创文》2011 年秋 No.3）我认为正是如此。如果是组成“山脉”的山峰，那么哪座山高，哪座山低，都一目了然。而“独立山峰”因为没有比较对象，无法判断高低。

为了改变这种封闭性，需要有意识地将一定比例的课程改用英语授课，让一直以来都无法参与日语讨论的留学生也能够参与进来，建立一种开放的体系。就算在严密程度、讨论深度上有所牺牲，只要能够维持其本质，“英语化”就值得尝试。当然，能与中国留学生用中文对话、与韩国留学生用韩语对话、与法国留学生用法语对话固然最好，但实际操作中却难以实现。因此，选择作为“最大公约数”语言的英语应该是最为现实的做法。

---

〔9〕原标题为《Mixed Academic Jurisdiction：グローバル時代の学士課程》。

从“甲壳类”到“脊椎动物”——作为“蛞蝓鱼”的大学

这些守护日本大学的壁垒不仅十分坚固，更已被视为理所当然，许多大学里的成员一直受到这些“墙”的保护，却看不到它们带来的负面影响。比起应对新变化的“变通性”（Flexibility），以“传统”为名的内部传承的理论更占上风，导致以“学问的自由”为挡箭牌，对来自外部的干涉进行的对抗行为也逐渐被视为正当防卫。用比喻来说，日本的大学全都属于虾、蟹之类的甲壳类动物。当然除了大学之外，这一比喻似乎也可以适用于日本其他组织。也就是说，日本的组织是用坚硬的“外壳”将内部与外界隔离开来，并以此来守护内侧柔软而舒适的细胞的。

但是甲壳类动物无论如何进化都只能是甲壳类，当感受到威胁时，就算能让自己的壳变硬变厚来应对突如其来的变化，但这个壳一旦被打破，整个物种就会在一瞬间灰飞烟灭。其实，虾蟹之属尚能支撑一阵，若是换成蛞蝓〔10〕，恐怕连21世纪也难撑过。在21世纪全球化、无边界化和流动性不断增强的世界里，要想维持教学科

〔10〕蛞蝓，俗称鼻涕虫，软体动物。

研的质量，必须实现从甲壳类动物向脊椎动物的进化。当然，这只不过是一个比喻，现实中的物种是无法做到这种进化的。如果对社会组织进行比喻的话，我们可以借助从甲壳类动物到脊椎动物进化过程中具有革命意义的“进化树”〔11〕来理解这一进程。为了成为更高等级的物种，在进化过程中的必经一步，就是从用坚硬外壳保护身体的动物，进化为自己从内部打破外壳并生长出纵横骨骼的脊椎动物。

有一种动物叫做“蛞蝓鱼”〔12〕。虽然蛞蝓鱼没有脊骨，但是它与软体动物蛞蝓有着决定性的区别。在蛞蝓鱼脊骨的位置刚好有一条从头到尾支撑整个身体的组织，而这个组织的作用也与脊骨相似。这个组织被称为脊索。脊索是脊椎动物在幼生期形成的器官，但最终会慢慢消失。然而蛞蝓鱼却会终生拥有脊索。这种拥有脊索的动物除了蛞蝓鱼之外，还有时常作为下酒菜被端上餐桌的海鞘。这一物种刚好是包括甲壳类在内的软体动物向脊椎动物进化过程中的中间形态。在 2008 年，日本、美国和英国的联合研究团队进行了对蛞蝓鱼的完整染色体分

---

〔11〕生物学概念，用来表示物种之间的进化关系。生物分类学家和进化论者根据各类生物间的亲缘关系的远近，把各类生物安置在有分枝的树状的图表上，简明地表示生物的进化历程和亲缘关系。

〔12〕蛞蝓鱼，俗称文昌鱼，脊索动物，与上文提到的蛞蝓是两种完全不同的生物。

析，在这个过程中发现，蛞蝓鱼与人类的基因排列方式有着很多相似点。也就是说，我们基本上可以证明，人类以及所有脊椎动物的祖先都是由脊索动物进化而来的。

那么，在21世纪的全球社会，我们应该如何构想“作为‘蛞蝓鱼’的大学”呢？与虾蟹相比，蛞蝓鱼似乎是以退化的形态出现的，但它却仅靠一条贯穿身体的脊索，进化出了脊椎，并最终促使了人类的诞生。这一过程是在已经进化为虾蟹（甲壳类）的状态下打破外壳，重新退回软体动物的状态，然后再向着脊索动物进化，因此其中产生混乱是不可避免的。但是用脊椎贯穿身体来代替外壳的保护，与外界之间的界线也能变化自如地进行调整，进而随着环境的变化，分化出鱼类、两栖类、爬行类以及鸟类、哺乳类动物等丰富多彩的物种。这所有进化的实现都不是依靠硬壳保护身体，而是靠脊柱贯穿全身来实现的。

成为21世纪的宫本武藏

引入宫本武藏的“二刀流”

大学从“甲壳类动物”到“软体动物”，经过“脊索动物”，最终向着“脊椎动物”进化。在这个过程中，有两条“脊柱”是十分重要的。一条是“横向的脊柱”（横骨），另外一条是“纵向的脊柱”（纵骨）。这两条核心骨骼在作为甲壳类动物的大学一直固守的五堵“墙”（也可以说是“壳”）上开孔，并将一条新的神经从孔中穿过。在“学问之墙”和“语言之墙”上开孔并贯穿以新的神经的是“横骨”，而“纵骨”则负责“入学考试”“学年”“求职”这三堵“墙”。我们暂且把“纵骨”作为下章的主题，在本章剩下的部分里，我将集中讨论“横骨”的作用。

在“学部之墙”部分已经提到过，在日本，学部和专业受到极大的重视。每个学生根据专业被分配到特定领域的学部或是研究室，为了深入学习这个领域的知识而选修单一的课程。当然，进入大学后最初的两年一般都会设置固定数量的通识教育科目，学生们也会选修其他专业、其他领域的课程。但是这些课程与专业课之间的关系却模糊不清，导致通识教育课程是通识教育课程，专业课是专业课，两者之间各自独立，互无关联的结果。也就是说，并没有一条“横骨”贯穿各个专业领域，使它们有机结合。在这里，通识教育科目作为“外部领域”被置于这些专业领域以外的地方。

针对这一状况，若要实现有“横骨”贯通的课程结构，则不应将专业课与通识课置于并列的位置，而是应该以更加立体的视角，让大学里的知识学习更有深度和广度。面对复杂化、流动化的世界，也不应仅仅依靠通识课程，而应形成与理科的专业知识特点相结合的吸收文科知识的方式，或者与文科专业知识相关联的吸收理科知识的方式，培养跨学科的多元化人才（文科重点型、理科重点型、跨学科型）。

这也让人想到宫本武藏的“二刀流”。宫本武藏是江户时代初期的剑士，坊间流传的故事多半出于后世的杜撰，“二刀流”的真假也不得而知。但是在我们的心目中，宫本武藏与“二刀流”早已密不可分。传说由他所著的《五轮书》中写道，“长刀不擅近战，狭隘之处易陷于不利，故凡事依赖长物，实乃谬误”。“凡事依赖长物，实乃谬误”这一句实在是至理名言。在不断变化的状况中，比起单一的长刀，手握长短两把刀更能灵活对敌，这一点也同样适用于复杂化、流动化的当今社会。

大学的学问将从单一、闭塞的专业知识学习，也就是“一刀流”的时代，向着主修（Major）副修（Minor）或是双主修（Double Major）这一“二刀流”的形式，向着不同领域的专业知识进行交互组合的时代过渡。显然，应对日趋复杂化、流动化的现代社会时，以组合的方式进行学习具有更高的价值。

假如有 20 个专业领域，而学生只能从中选择一个的话，那么最多只能产生 20 种学习模式。但是，如果采取双主修制度，也就是学生可以将两个专业进行组合选择的话，那么就能够产生 20×（20 – 1）÷ 2 = 190 种学习模式。如果采取主修副修制，每个专业都各设置一个主修课程和副修课程的话，那么上述算式就不需要再除以 2，也就是能产生 380 种学习模式。哪怕只有 20 个专业，经过组合，也能够产生如此多样的模式。

当然，这些组合当中也会出现一些无效选项，但大多数情况下，能给我们带来意外的惊喜。例如“信息科学”（工学）与“知识产权法”（法学）就是一个有趣的组合。擅长计算机网络和数字技术且在知识产权法方面具备专业素质的年轻学者恐怕是任何企业都青睐的对象。还有“环境科学”（工学）与亚洲的“地域研究”（社会科学）这一组合也正好适用于跨国企业和国际机构。整体来说，应用型知识与哲学、理论性知识的结合较为有效。正如第二章论述的那样，人文社会科学领域的知识有效期较长，而且以“二刀流”模式来看的话，当文科知识与实务的、工学的等有效期较短的知识相组合的话，这种有效性就能够最大限度地发挥出作用。尤其是“哲学”，我认为作为副修专业，“哲学”是最佳选择。单独的“哲学”过于死板缺乏变通，很难发挥效用，因此让不少人敬而远之，但一旦工学与哲学、医学与哲学、经营学与哲学、计算机科学与哲学进行组合，就会变得非常有效。在“二刀流”的框架下，文学部的哲学专业作为第二专业将会受到很多学生的青睐。

美国的“常识”与国际基督教大学的教育改革

这种宫本武藏的“二刀流主义”实际上在大洋彼岸的美国早已司空见惯。在美国，采取主修副修体制的大学最多，此外，还可以再选择一门主修专业，也就是双主修制。例如，常春藤校之一布朗大学的各专业都没有固定的本科生名额限制，学生入学后能够立刻开始专业领域的学习。此外，该大学规定的必修学分中专业课只占不到 1/3，剩下的 2/3 均为专业课以外的课程。在这样的制度下，不论是主修副修制还是双主修制，两种“二刀流”模式都能够有效实施。

日本的一些大学也引进了美国制度中较为先进的部分，开始正式实施“二刀流主义”。顶级高校里至少也有一所大学已经开始付诸行动，那便是国际基督教大学（ICU）。该校只设有教养学部一个教学单位，以前其内部也分为人文科学、社会科学、理学、语言学、教育学、国际关系学六个学科。然而到了 2008 年，由于大规模教育改革的实施，这六个学科被废止，取而代之的是三一学院系统的主修副修课程。从经济学、社会学、政治学、生物学等传统专业类型，到性别研究（Gender Studies）、全球化研究（Global Studies）、文化研究（Cultural Studies）等现代知识，学生可以将它们进行自由组合，选择适合自己的课程计划。

当然，科目的组合有 400 种以上的方式，因此该校导入了一种被称为“学修文件夹”的系统，为每位学生制作“履历”，将已修过的科目的内容、成绩和课业态度等利用电脑进行记录和管理。该校重视以实现教师与学生间对话沟通为目的的“主动学习”（Active Learning），为贯彻这一方针，校方充分利用上述“学修文件夹”，根据每位学生的情况进行教学项目的组合，以此为基础对学生进行指导。

国际基督教大学的例子说明，哪怕学校规模不大，在学生整体知识水平较高的大学里，只要校长和理事会能够齐心协力致力改革，就能够创造出焕然一新的局面。像该校那样废除学部、学科的纵向划分，导入主修副修制和双主修制是其中一个方法。这一多线条的结构还有另外一种存在方式，那就是以跨校的方式来实现，通过实现大学间通用的科目编号系统、课程编排系统以及课程项目层面的学分互认等形式，广泛发挥各个大学的强项与特色，建立起这一多线条的教育体制。这里所说的“编排”，指的是扩大多个大学之间教学环境、科目内容、评价方法、学习支援、技能掌握等方面的互换互认的一个流程，最初是通过欧盟的“博洛尼亚进程”（Bologna Process）〔13〕在欧洲的大学里发展起来的。如果以国际标准来建立这一合作基础，这一合作就能够进一步扩展到海外，这样日本学生就有机会赴海外留学，也使海外暑期项目与学部培养的有机结合成为可能。

国立大学面临的挑战与困境

然而，如果是规模较大的综合大学，不论是国际基督教大学的“二刀流主义”，还是广泛合作型的多线条系统，都无法轻易实现。在这一意义上，九州大学基础教育院的改革值得关注。如上文所述，上世纪 90 年代的大纲化导致了综合大学通识教育体系的崩溃，各个大学的危机感也因此不断加深，并在进入 21 世纪以后，开始就如何在全校范围内重新架构“广域学习”模式进

〔13〕指的是 1999 年，29 个欧洲国家在意大利博洛尼亚提出的欧洲高等教育改革计划，该计划的目标是整合欧盟的高等教育资源，打造开放性的教育体制。

行了一系列改革。其中，九州大学将已经分散在各个专业学部的原教养部的教师们重新集结，成立了以全校教育为目的的基础教育院这一新的组织。此外，基础教育院以统括全校的方式，设立了横跨各个专业的“基础教育”（Core Education）课程。

拥有雄厚实力的大规模综合类大学一旦成功建立起全校性教育模式的基础组织，此后就可以进行各种先进的改革。例如，可以以这个组织为基础，将依照全球性、实务性课题设置的副修专业项目付诸实际。这些项目恰好成为字面意义上的“横骨”，与基于既有标准的学部及学科的设置组合成纵横交错的结构。此外，这些“横骨”与既有的学部及学科的课程之间也能够建立互补、合作的体制。如此一来，就能够实际形成上述宫本武藏的“二刀流”模式，与主修副修制在教学层面上具有相同效果，进而使校内外广泛认识到这种新的教学体系的发展潜力。然而，若想要向着九州大学式的“二刀流”切实迈进，还需要有以校长为中心的大学高层具备长远目光与危机意识，以及在此基础上各个学部和研究科之间的配合。

除了九州大学以外，全国其他的综合大学里也能够看到类似的动向，但是，东京大学恐怕是其中转型最为困难的大学之一。这一困难很难轻易解决，虽然还没到绝望的地步，但绝不乐观。其实，国际基督教大学这样的模式对于在数学、英语、国语以及理科、社会学等各个考试科目中都取得优异成绩的东大学生来说再合适不过。他们大多拥有精通多门学科的能力，但是进入东大以后，这一能力反而难以充分发挥。比如，本科前期在驹场校区接受的“一般教养教育”（通识教育）与本科后期在本乡校区接受的“专业课程教育”之间并没有形成结构化的联系，导致以专业知识为目标的学生认为通识教育课程没有意义，而以通识教育学习为目标的学生又认为专业课的路子过于狭窄。如果能够将全校性的教学从单线结构向多线结构转变的话，那些拥有复合型学习能力的东大学生就能够更好地发挥自己的特长。但是，横亘在他们面前的“墙”过于坚硬庞大，要实现这一点困难重重。

培养宫本武藏式人物的第一线——课堂改革

拒绝“水课”

在本章最后一部分，我想要谈谈“课堂”的问题。课堂是培养 21 世纪的宫本武藏的第一线。人们常说，日本的大学生是全世界最不爱学习的大学生，我认为这一批评是比较中肯的。但是，责任与其说在于学生，不如说在于日本大学教育的结构。日本大学对课程数量和学分都进行了非常细致的划分，每名学生都会选修尽可能多的课程。但是，每门课程是在怎样的体系中又有怎样的定位，却并不明确。课程数量如此之多，学生往往难以理清在哪门课上学到了哪些知识。人们没有意识到大学的学习与高中以前的学习有着质的不同，导致学生被过于细化的课程表紧紧束缚。

另一方面，比起其他国家，日本大学里单门课的负担较轻，很轻易就能够获得学分。虽然鼓励学生课前预习、课后复习，但学生常常因为忙碌而难以完成。即便如此，依然能够获得学分。有时候，还会出现即便学生从来不去上课也给学生打高分的“老好人”老师。近年来，成绩评定的标准化不断推进，“老好人”老师有所减少。但谁是“老好人”很快就会在学生中流传开来。他们的课不管内容如何，从来都是座无虚席。只要这个体制一直持续下去，学生只需要花最少的精力就能够取得学分的这种模式就会更多地被认可。这种成绩管理上的“放水”行为，近年来已经得到了相当程度的纠正，但是即便如此，与成绩管理十分严格的欧美相比还是相距甚远，这也导致日本大学成绩在国际上的可信度越来越低。

如上文所述，日本的大学里充满了“水课”。每位教员自己“开店营业”，课程与课程之间内容千差万别，毫不相干。这些每周仅有 90 分钟的良莠不齐的课程，就算连续修上几个月也难以获得学到知识的充实感。我们必须摒弃这种做法，使课程之间建立起一定联系，整体提高课程质量，使“水课”变为“金课”。在这一点上，学生对老师的课堂教学评价也十分重要。大学教师虽然在各自的研究领域是专家，但即使对课程的整体结构有深入的理解，却并未接受过针对授课方式的基本训练。在教室里给学生讲授各个课题的教师，与作为整个课程的管理者的教师，其视角完全不应在同一层面上。因此，课程结构的可视化非常必要。我们必须要求开设的课程以开放的方式向学生展示出来。统一跨学部跨专业的培养方案，并将其公开，使各个课程间的关系清楚明了。由此一来，学生就能够了解自己想要学习的领域都有哪些相关课程，并在此基础上进行选择。

比这一结构化更为重要的是要让课程的设置少而精，减少学生的修课数量。让每周同一课程的标准学时加倍，增加每门课程的学分，同时大幅减少学生修课的整体数量。也就是说，要使学生能够集中精力学习经过严格筛选的高质量课程。如此一来，就能要求学生在一门课程上花费比此前更多的精力，也能够要求教师在成绩评定上更为严格。

上述措施能从整体上减轻教师的负担，但是具体到每一门课，教师的责任则会变得更重。像现在这样大量课程“琳琅满目”的状态下，不可能给每门课程都配备助教。但如果大幅减少课程数量，那么助教的配备也就具备了可行性。不管怎样，必须建立起让每位学生都能够深入学习一门课程的教学模式。

助教的配备在实现“主动学习”以及“小组教学”（Team Teaching）上是不可或缺的。如果一门课一周的学时是 180 分钟的话，全部以教师讲授的形式进行是缺乏效率的。讲授 60 分钟，剩下的 120 分钟留给自由讨论或是实践性的田野调查（Field Work），学生也能够巩固和深化已经学到的知识。此前那种单方面的讲授形式属于“媒体单向型”，是教师将自己所学的知识向大量学生“抛洒”的模式。如今，互联网社会中诞生的“全体参与型”模式也应该应用于大学之中，以此提高学生学习的自主性和积极性。

大学教育应走向何方

日本的大学改革中最根本的问题，在于要重新定义大学这个概念本身。大学数量的急速增长，使将近 800

所大学陷入了招不满学生、教学质量低下、大学吸引力丧失等恶性循环，导致如今的大学教育已经逐渐成为了“夕阳产业”。2010 年以后，不断有大学停止招生，还有些大学单纯为了维持自身组织运营而设立了大量只对招生宣传有利却毫无实质内容的专业，这些大学恐怕会第一批遭到淘汰。如果想要在这种状态下存活下去，就不能只是一次次重复那些只能应付危机、治标不治本的“续命”方式，而必须对大学进行重新定义。为了实现这一点，我们不能理所当然地将大学看作自我封闭的组织，而是应该将大学置于更为广泛、长远的社会视野中，重新思考它在其中的定位。此时，大学就能够从“甲壳类动物”的“壳”中脱离出来，成为拥有“横骨”与“纵骨”的“脊椎动物”。这一点也是对大学进行重新定义的重要依据。

对大学的重新定义之所以必要，是因为它关系到上大学这件事本身的价值。由于少子化及大学数量的增加，任何人都可以进入大学学习。此外，互联网社会大大拉近了人们与知识之间的距离，“有事上网搜”的这种思维越来越普遍。在这样的时代里，人们逐渐产生一种疑问，大学里学习的知识在社会和实际生活中究竟有多大的意义？

在洪堡提倡“教学与研究相长”并重新定义大学的

19 世纪，是一个国民国家的时代，从那以后，大学得到国民国家各种方式的支撑。但是，在国民国家式微的现代，支撑大学的政府力量逐渐变弱，在这样的背景下，必须弄清如何重建大学与社会之间的关系，以及大学在社会中拥有怎样的价值这些问题。或许，现在已经到了仅靠“教学与研究”难以证明大学价值的时代了，社会实践这一第三要素将变得越来越重要。

从这个意义上说，21 世纪的大学不能继续偏安于校园内部发挥作用了。如今，大学的活动场所已经扩展到街道，以及博物馆、美术馆、图书馆、剧场等文化设施，甚至是企业的工厂、设计工作室、偏僻乡村、受灾地和有合作关系的国外大学。这也导致此前在大学校园内固守的封闭式“学术惯例”将不再被视为绝对的标准，而会在普通民众的日常实践活动、企业的经营活动、地方城市振兴的一线以及国外大学等多语种的环境中逐渐被相对化。

大学在历史上积累下了庞大的知识资源。在如今这个以高度信息化、网络化的现代知识为基础的社会中，大学应该将这些资源放置在开放性社会这一“校园”中，与发现问题、解决问题为目的的教育活动结合起来。如果大学能够朝着这个方向进行改革，那么“上大学意义何在？”这种疑问就不复存在了。

第四章
人生三度入大学

大学是人生中的过渡礼仪[1]吗

高中与大学间的两面“墙”

前一章说到，大学若要度过危机，学校和学部必须从用外壳保护身体的“甲壳类动物”向着由“横骨”“纵骨”（脊椎）构成组织的“脊椎动物”进化。其中，“横骨”指的是领域上、空间上的“骨骼”，例如，跨越文科理科的界限，将不同领域的学问连接起来并创造出新的价

〔1〕法国学者范热内普提出的学术术语，这里指在生命周期各个阶段举行的仪式。

值就属于这一类。而“纵骨”则指的是职业上、时间上的“骨骼”，它关系到如何建立一条从高中到走入社会、具有连续性的学习通道。

在包围大学的五堵“墙”中，如果说“横骨”是在“学部之墙”和“语言之墙”上打孔贯穿而过的话，那么“纵骨”则是贯穿“入学考试之墙”“学年之墙”和“求职之墙”的“骨骼”。

首先，我们试着思考一下，“纵骨”是如何在“入学考试之墙”上开孔并贯穿的。这个小孔指的是连接高中与大学的某个结构。但是大家应该注意到，高中和大学之间还横亘着两堵大“墙”。其中之一是“入学考试之墙”，另一则是“学科之墙”，也就是我们所说的“学科鸿沟”（Curriculum Gap）。这两堵“墙”阻碍了高中与大学之间的贯通。所谓的“学科之墙”，一言以蔽之，就是高中与大学之间知识结构的巨大差异，高中的五门主课是“数学”“国语”“外语”“理科（物理、化学、生物、地质）”“社会（历史、地理、公民〔2〕）”。而大学的课程却以“工学”“医学”“农学”“法学”“经济学”等应用型知识为中心。

学生们在高中并没有经历过这种应用型知识的学

〔2〕这里的“公民”指的是在日本高中里设置的课程，主要学习现代社会、伦理、政治经济三个方面的知识。

习。像理学部（数学、物理学等）以及文学部（国语、英语、历史学等）这样与高中学科相对应的专业在大学里也有，但是招生人数较多的却还是在高中没有接触过的应用型专业。高中毕业生进入大学后，第一次接触应用型知识，并且需要从"何为工学""何为医学""何为法学""何为经济学"这种最初级的知识学起。

大学的知识从结构上来说也与高中知识不同。高中的基础知识学习，要求学生具备正确解决问题的能力。而大学对学生的要求，在于能够对既有的知识进行内在的批判，并提出具有创造性的新问题，也就是所谓的"发现问题的能力"。如果是已知答案的问题，那么翻看教科书就能够解决，而这并不是大学学习的核心。对于教科书内容的准确性提出疑问，并将这一疑问继续深化，这才是大学里的"学习与研究"。

以培养学生对某个现象进行深入思考和批判，发现问题，并找出尚未解决的疑问的能力为目的的大学教育，与培养基础学习能力、期待做出正确回答的高中教育环节之间是割裂的。两者之间存在断层，高中时代的学霸在大学里并不一定能取得学术上的成功。简单来说，初高中要求的那种"优秀"指的是出色的记忆力和思维的缜密性、扎实的努力等"防止失败的能力"，而大学却要求学生在上述基础之上，培养出“迎接失败的能力”。不惧失败，提出自己的主张；不惧失败，提出问题并进行验证；不惧失败，进行调查采访……这些都是大学必要的知识生产活动。只做“正确”的事的学生，或许在考场上能笑傲江湖，但进入大学后却如强弩之末，再难成长。相反，时常犯错的人在进入大学后或许能够大展宏图，但可能在入学考试的时候就名落孙山，再无机会。因此，如何衔接两个阶段的能力是非常重要的。

入学考试改革与“学科鸿沟”的关系

为了实现这一衔接，我们需要让高中生提前了解在跨越了入学考试这堵“墙”之后，在“墙”背后的地方将对自己提出怎样的要求。具体来说，可以将大学的教学资源（电子版教材、网络资源、学生中心型以及讨论型课程工具）与高中联动，共同发挥作用，让高中生更早获取最前沿的知识。在高中，应该建立教授应用型知识的平台，并向高中派遣在某个领域拥有专业知识背景的本科或研究生毕业的青年人才。

但实际上，从高二结束的时候开始，对于高中生来说，比起课堂上学习的内容，按照知名补习学校的模拟考试成绩计算出来的“偏差值”〔3〕更为重要，“学科鸿沟”的问题完全被抛至脑后。大部分情况下，高中生活最后的一年中，必须将所有的注意力都集中在如何跨越眼前这堵“入学考试之墙”上。因此，若要真正实现高中与大学之间的衔接，除了要消除“学科鸿沟”之外，还需要对入学考试加以改革。

入学考试是将学生的知识能力通过“试题”来进行检测，并按照数值排名、划分档次的工作。以“偏差值”这一形式存在的、被明确数值化的“能力”，虽然与这个人的记忆力、思维能力以及知识储备量有一定关系，但是却无法反映他适合哪个专业，拥有怎样的潜力。因此，并不是每位考生都能够通过入学考试进入适合自己的大学和专业，并通过大学的学习来提升自己的能力。

纠正上述现象的一个方式，就是将大学里的课程多线条化。在高中的课堂和学科内容中，尽量插入一些面向大学学习的过渡性知识，也不失为一个方法。不论是

〔3〕“偏差值”即“学力偏差值”，本来是显示个人所得成绩在整体中位置的指标，计算公式为“偏差值 = [（个人成绩 - 平均成绩）÷ 标准差] ×10+50”。通过入学考试合格者前一年模拟考试时的偏差值计算出的平均值，将成为衡量入学考试难度的指标，以及判断考生能否录取及具体差距的重要参考。

高中生走进大学，还是大学老师走进高中，都是很好的方式。把握各种机会，在高中的学习中加入与大学学习之间的衔接点，这一点十分必要。近年来，这种改革也开始逐步推行。

另一方面，最近，大学入学考试的方式发生了相当大的变化，很多大学除了笔试之外，还增加了招生办公室（Admission Office）〔4〕方式或者自我推荐等其他选拔学生的方式。但是，不改革高中与大学衔接的基本结构，只是改变选拔方式的话，必定有其局限性。这是因为如果只关注入学考试方法的话，那么教授学生如何通过这些方法获得高分的考试培训机构必然会层出不穷，这种目的性极强的学习方式就会成为受考生追捧的对象。这种学习方式无论如何展开，都无法与大学要求的那种学习方式有质的衔接。若要从这个死胡同中成功走出，就必须将高中与大学的学习在学生选拔与学习内容两个方面上同时进行衔接才行。

因此，一方面，摒弃“一考决胜负”式的笔试，建立将高中阶段的学习成果与大学入学考试的合格与否进行正确连接的体制，另一方面，在高中阶段的学习

〔4〕类似于中国大学里的招生办公室。这一招生方式源于美国，不对考生进行笔试考试，而是要求考生提交志愿理由书、小论文等，并在资料审查的基础上进行面试，全面考察学生的学习意愿、能力、适应性等综合素质以决定录取与否。

中，导入迄今为止从大学阶段才开始的培养自己发现问题、深入理解问题能力的课程。通过这种方式，在高中与大学之间的“墙”上，从选拔方式和课程设置两个方面打开“通风之孔”，并实现学习的连续性是非常必要的。

将大学定位于人生之中

最难考上的大学未必是最好的大学

为保证大学的整体质量，一般有两种方式：一是提高学生入学门槛的“入口管理”，另一是对学生实行分阶段淘汰的“出口管理”。日本、中国以及韩国等东亚国家的大学基本上属于“入口管理”，“入学考试之墙”高不可攀，难以跨越。与之相对，欧美的大学基本上属于“出口管理”。入学是由招生办公室对学生发出入学许可，并不像东亚的大学那样通过笔试来“一考决胜负”。但是在毕业环节，却有比日本的大学严格得多的审查过程。日本的大学从明治时期开始，尤其是到了二战后，虽然引进了许多欧美教育制度，但是“出口管理”模式却一直没有发展起来。

当然，“出口管理”也不是完美无瑕的。其中一个重要的弊端就是在学生选拔上过于粗糙。有相当一部分学生就算能够进入大学，也会在中途被淘汰，最后无法毕业。另一方面，“入口管理”的缺点在于社会以大学入学考试的难度作为判断大学好坏的基准，因此大学如何教育学生，学生如何学习和成长等入学后的阶段往往不被重视。实际上，在日本，人们心目中对于大学的“三六九等”早已有了固定的认识，而这个“三六九等”所对应的就是入学的难度。几十年间，从综合评价上来说，东京大学一直位于日本大学排名的顶端，紧随其后的是京都大学。入口“偏差值”模式的难度排名几乎是原封不动地反映了大学的排名。

但是，最难考上的大学并不一定是最好的大学，而且也不一定是学生最能够拓展自己人生的大学。例如，在《周刊钻石》（2015 年 11 月 7 日）中登载了一篇名为“最强大学排名”的特辑。这个特辑从研究、教学以及毕业生去向等多个视角出发，对日本国内大学的“业绩”进行计算，并按照得分高低进行排序。最后的结果是，在“全球化教学能力”方面，国际教养大学（秋田）、宫崎国际大学（宫崎）、立命馆亚太大学（大分）、国际基督教大学（东京）以及会津大学（福岛）分别位列第 1 至第 5 名，可以看出，地方大学占有绝对性优势。

东京的大学在这个方面只有国际基督教大学获得了较高的评价，而国立大学中，东京工业大学位列第 7、东京外国语大学第 8、长冈技术科学大学位于第 10、东北大学第 11、一桥大学第 12，这些大学勉强属于第一梯队。而东京大学竟然排到第 24 名，比京都大学的第 18 名还要靠后。在“全球化企业录取毕业生比例”方面，从第 1 名到第 5 名的分别为东京工业大学、国际教养大学、一桥大学、庆应义塾大学和大阪大学。虽然这是带有“全球化”这一“偏见”的评价，但无论从教学能力还是学生就职情况来看，东大、京大都丝毫没有优势。

我们最终还是以入学考试的难度，也就是突破入口的合格者的“偏差值”作为衡量大学好坏的基准，然而大学的真正价值，在于大学如何教育本校学生以及毕业的学生能够对社会做出多大贡献上。如果我们从后者的观点来重新审视日本的大学，那么目前这种将东大、京大视为金字塔顶点的印象或许早已落伍。我们至少应该意识到，大多数人心目中对于国内大学的固有观念依然只是基于“偏差值”的评价，并没有将大学阶段学习的充实程度和毕业后的出路作为评价的要素，因此这种“固有观念”是有失偏颇的。

从“入口管理”到“出口管理”的转变是否可行

若要充实大学教育的内涵，并增强其人才培养能力的话，将从入学阶段到毕业阶段的整个体系，从“入口管理”转变为“出口管理”的方式最为有效。但是，要想实现这一转变，至少需要顶级大学步伐一致执行，否则难以实现。这是因为，如果顶级大学中只有一所学校实施了“出口管理”，那么这个大学就会被扣上“最难毕业的大学”这顶帽子而被考生回避，从而导致大学的生源质量不断下降。

反之，如果像东大、京大这样的顶尖大学决定开始施行“出口管理”，降低入学门槛的话，考生就会蜂拥而至，大大超出预定的招生名额，学校也无法再招收更多的学生。而这些考生中的相当一部分原本是要进入比东大、京大稍差的其他顶级大学的，因此这些顶级大学就会对东大和京大的做法产生极大的不满。如果这些顶级大学也采取与东大、京大同样的措施的话，“偏差值”中等偏下的一些学校也会因招不到学生而立刻陷入经营危机。全国780所高校，不可能轻易对这一转变达成一致。但是，如果排名靠前的大学能够统一意见，逐步将“出口管理”严格化，大学就能够对外显示自己确保水准的决心。顶级大学如果同时采取措施的话，那么中间层的大学也会紧随其后。事实上，欧美大学在接受大量留学生、毕业生的同时，也会对其出身大学的教学质量提出要求，这一点能够倒逼日本的大学在成绩评定上更加严格，并积极导入 GPA 制度。

与依靠“入口管理”的日本不同，欧美的顶级大学招收能力多元化的学生，之后对其各科成绩和毕业资格进行严格把关。也就是说，欧美大学采取了“出口管理”的模式。欧美大学的入学基本上采取招生办主导形式，不进行笔试，而是根据高中阶段的学习成绩、申请书、推荐信以及统一测验等来选拔考生。

我在东大研究生院的英语项目里，通过这样的方式对考生进行入学资格审查已经有将近十年的时间了。根据我自己的经验，如果审查人经验丰富且 GRE（Graduate Record Examination，申请北美大学研究生时要求提交成绩的考试）、GPA 的成绩有较高的可信度的话，那么比起“一考决胜负”的方式，基于资料审查的选拔方式可信度更高，更有利于选拔出优秀的人才。从日本人心目中的“常识”来看，或许会认为仅靠这些资料对学生进行选拔评判的方式有失公平。但实际上比起一次笔试的结果，公平、公正地进行多项审查的选拔方式更为有效。当然，其前提条件是对所有的评价做到基本公平、公正。如今，在世界各地，基于各个机构对输送出去的人才的公正评价，并实现跨机构评价结果互信的体系正在逐渐扩展。然而在日本，高校不信任其他机构的评价结果，各个大学依然采取“一考定胜负”的选拔方式。这种效率低下、整齐划一的“入口管理”模式极为普遍，因此私立大学中的一流学校通过不同学部设定不同的考试时间这种方式，每年都能够收获更多的报名费。这与其说是为了考生，不如说是维护私立大学的既得利益。

在人生中重新定位大学

高中教育的未来改革方向应该是以新形式衔接起高中与大学，因此需要在填补“学科鸿沟”的同时，在“入学考试之墙”上打造通风孔。然而在这些学生入学之后所面临的“学年之墙”和“求职之墙”上开孔，需要长远的目光，将大学与社会以新形式进行衔接。必须将每位学生在大学度过的四年时光放在其整个人生中进行定位，而要实现这一“定位”，就必须改变日本人迄今为止对大学所抱的“常识”。

如今，许多人依然将大学生活的四年时间看

作夹在“入学考试”与“求职”之间的“缓冲期”（Moratorium），也就是一种过渡礼仪。日本的年轻人对于大学的期待，与其说是对所谓学问的追求，不如说是大学学历能够在求职时发挥有效作用，以及能够积累丰富的经验这些方面。诚然，如果大学只是从高中毕业到走入社会的中间阶段的一种过渡礼仪，那么对于这个过渡礼仪的期待，也只会限于选拔具有一定基础学习能力的年轻人，并培养其丰富的人生经验。果真如此的话，大学阶段学习的内涵及成果不会受到真正关注也不足为奇了。

此外，正如上文所述，在战前的旧制高中里实行的大部分教养教育在战后都转变成了新制大学里的通识教育科目。但是另一方面，这些旧制高中的教养教育中的一部分并没有保留在新制高中里。“高中”变得“初中”化，初中与高中的连续性增强了，而“高中”与“大学”之间却逐渐被割裂开了。在人口数量持续增长的时代，社会首先要求大学培养大量具备基础能力且同质化的年轻人，上述做法也无可厚非。在这种情况下，“初中—高中—入学考试”这三个阶段连成一线，建立起“大学毕业人才”的知识能力框架。而大学是从入学考试之前的基础能力培养期与学生在实际参与社会活动之间的过渡期，是可以尽情享受青春时光的美好时期。

我认为，从上世纪 60 年代到 80 年代，日本大学的人文社会领域知识的学习确实达到了较高的水准。但是，在“物质丰富的时代”里，这一水准的保持，却是以大学毕业生在学生时代即使每天“不务正业”，也能够在某个企业顺利就职的这种“幸福的时代”为背景的。

当然，从教师的角度来说，大学原本不该是这种“缓冲期”式的存在，而应该是培养学生对各种现象进行深入思考、批判并发现问题、解决问题的能力的场所。然而，能对这种“正确道理”迅速做出反应的，只有极少数有强烈责任感、认真的学生。可能大多数学生会认为“话虽如此，但对我来说依然是‘求职第一’、‘社团活动第二’”。虽然关于大学中“学习的价值”有诸多“正确道理”，但若不能有力地说明这种“价值”在每位学生今后实现人生发展目标的过程中如何发挥作用的话，那么它们将始终是无力的。因此，不仅仅是大学在人类和社会的大框架中的意义，更重要的是向每位学生展示大学学习在各自的人生中的真正意义所在。

第二章中也已经提到过，虽然医学、法学（法律领域）、工学、经营学与职业之间的关联性更强，因此更容易对其作用进行说明，但对于法学、经营学以外的人文社会科学以及博雅教育领域来说，上述问题确实很难回答。

作为人生转折机遇的大学

日本大学生年龄结构的异常同质化

不仅是法学、医学、经营学、工学等专业性和实用性较为明了、专业知识能够与职业规划直接挂钩的学科，包括人文社会科学、博雅教育等不能与实用性直接关联的学科在内，若要将大学阶段的学习置于每位学习者的人生愿景中进行定位的话，必须将大学从夹在“入学考试”和“求职”之间的“缓冲期”这一固有认识中解放出来。

在日本，迄今为止，大学都是高中毕业生的“专属领地”，超龄入学一般被限定在“成人教育”的范畴内。因此日本的大学中 25 岁以上的入学者的比例从全世界范围来看都处于相当低的水平。根据经合组织 2011 年的数据，日本大学里25岁以上的入学者仅占总数的2%，在世界各个发达国家中处于最低水平。例如，瑞典、芬兰、美国为 25% 左右，也就是说四个大学生中就有一个是 25 岁以上。英国大约有 20%，德国大约为 15%，不管在人数多么少的课堂上，都有 25 岁以上的学生。即使在韩国，也有约 18% 的人是 25 岁以上学生，学生的年龄结构远比日本多元化。当然，有征兵制和没有征兵制的国家情况有很大的差别，但即便如此，日本大学生的年龄结构也呈现出异常的同质性。这一同质性对大学的未来发展难以产生正面的效果。

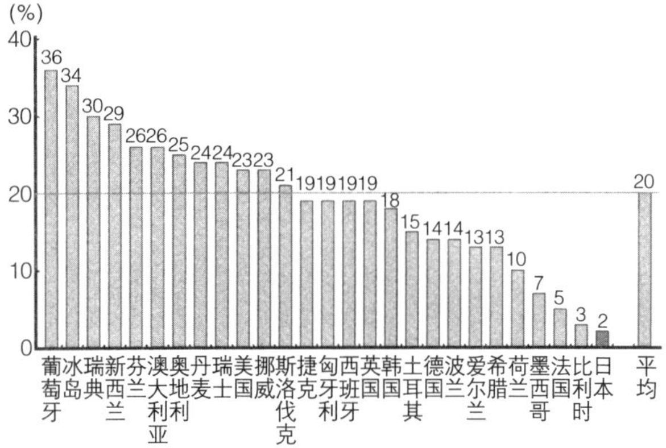

日本的数据为社会考生入学者数。根据文部科学省的资料制表

图 4　各国 25 岁以上大学本科入学者比例（2011 年）

日本大学与高中一样，每个阶段都是以“学年”为单位，这导致了大学生年龄的同质化。进入大学以后，学生们像“双六”〔5〕游戏一样按照一年级、二年级、三年级、四年级这样的顺序升入更高的年级，直到毕业。因此，哪怕只有一个学年的差距，“学长学姐”“学弟学妹”的等级关系也相对分明，未能升入高一年级的学生

〔5〕“双六”指的是一种游戏，与现在的大富翁游戏相近，玩者掷骰子决定点数，并按照点数前进相应数量的格子。

会被当作“留级生”看待。这种以“学年”为“墙”的做法，与社会上的“年龄”和“立场”的观念相结合，导致了“论资排辈”的思维倾向。此外，这一“学年双六”的观念，使大学成为高中毕业生的“专属领地”，在一般人看来，那些即使超龄也要重新进入大学的人，要么对学习格外热心，要么具有超乎常人的意志力。在这一观念下，人们将日本大学生异常的年龄同质化视为理所当然。然而大学阶段的学习，只要具备高中毕业以上的学习能力，无论从多少岁开始都不算晚。在未来的大学校园里，30 岁、40 岁、50 岁、60 岁甚至 70 岁的大学生与 20 多岁的年轻人共处，应当成为一种正常、普遍的状态。

处于崩溃边缘的依赖“入口管理”的大学教育

在 18 岁人口不断减少的时代，如何增加大学入学者的群体基数，对于所有的大学来说都是一个需要切实解决的问题。在这种情况下，降低入学门槛，让原本不符合要求的学生也加入大学生行列，是最坏的办法。实际上，以这种方式满足对外公布的招生名额的大学不在少数，但是，一旦降低门槛，不论是来自外部的评价，还是学生的自我认识，都会受到恶劣的影响，加速大学质量的下滑。在不降低门槛的情况下，还能招收到优秀学生的方法之一，就是大幅增加英语课程，增加学生宿舍，以此吸引更多优秀的外国留学生。这种方式已经在立命馆亚太大学和早稻田大学国际教养学院进行了尝试，并有了相当长的历史，但已经确立了日语课程和师资配备的大学、学部却很难实现这种转变。

于是很多大学和研究生院开始扩大成人考试的招生规模。他们开设一些重视社会经验和工作经历以及实践能力的课程，用笔试以外的方式招收已经工作的人群。但是，这一成人招生如果只是在现有课程的基础上增添的附加项的话，那么在学问的思考能力和灵活的分析能力等方面没有经过足够训练的成人学生与一般学生格格不入，会在大学里形成一个孤立群体，就像锁国时期的日本在长崎设置的出岛〔6〕一样。如果这些成人学生的水平不够，那么就会在大学内部形成另一个“社区大学”（Community College），并导致大学整体的质量下降。

如今，日本的大学体系内部顽固存在的“入口管理”模式长年处于崩溃的边缘。以“入口管理”来维持大学质量的这种做法使得报考人数大大多于录取人数，而这

〔6〕日本江户时代幕府执行锁国政策之时，在现长崎县建造的人工岛。在锁国期间，只有荷兰和中国的商人可以在日本逗留，但只允许在出岛活动。

种模式也依赖于年轻人在激烈竞争中的“内卷”。而且，为了维持这种状态，考上大学的价值需要在社会上得到高度评价，而且这些被幸运女神眷顾的天之骄子也必须是万里挑一的“少数派”。然而，由于日本大学的数量过度增加，同时年轻人口不断减少，上述前提条件正在慢慢消失。今后，大学若要提高自身的价值，必须在“出口管理”模式上下功夫，向社会公开透明地展示出确保毕业生质量的决心，以此获得更多的支持。

人生三度入大学

因此，最为重要的是实现大学的结构转型。大学必须完成从执行“高中生”到“社会人”的过渡礼仪的组织向人生的各个阶段都能够自由参与的组织，或者提供职业生涯转机的组织的转型。这一转型需要通过“输入”的转型和“输出”的转型两个方面实现。所谓的“输入”的转型，指的是转变大学入学者中有一半以上都是高中毕业生的状况。我认为，在 21 世纪中期的日本，人们一生中经历三次大学入学是比较理想的，至少，建立这样的社会体系应该是每所大学努力的目标。所谓的三次，第一次是在 18 岁至 21 岁。第二次大概是在 30 岁至 35 岁，第三次是在 60 岁前后。

为什么说是三次呢？首先，第一次是高中毕业或是毕业之后两三年以内的入学。与现在的状况相同，大多数人是高中毕业后，经过大学入学考试而进入大学学习的，这个状况继续维持下去也并无大碍。但是，学校还应该增加专门针对高中毕业后先在社会上打拼一到两年，或者在国外的教育、文化机构留学一段时间，在积累了各种经验之后再进入大学，经历了间隔年（Gap Year）〔7〕的群体的招生名额。这个政策与增加留学生招生名额的政策能够起到相同的效果。也就是说，同样都是 25 岁之前的年龄段，大学生应该比高中生更加多样化。这种群体的、文化背景的多样性、异种混杂等特点，能使大学有更大潜力去理解和创造出新的价值。

第二次入学是在 30 岁至 35 岁左右。在这个年龄，已经进入社会并经历了一番职场打拼，积累了一定经验的人，逐渐开始看清自己所从事的工作的未来发展空间与局限性。究竟是留在现有的组织，按部就班地成为科长、部长，还是在自己独一无二的人生里，将已经积累的经验最大限度地利用，并勇敢挑战新的道路呢？在这个年龄，人们尚能考虑选择与此前完全不同的道路，重

〔7〕指的是西方国家的年轻人在升学或毕业之后，先进行一次以年为单位的长期旅行，使这些学生在进入社会之前先体验生活。

新进入大学，努力学习新的知识，并挑战新的人生。

第三次入学是在 60 岁前后，此时，职业生涯已经基本接近尾声，即将迎来退休生活。但是现在，大多数人到了 75 岁还能够保持健康的体魄。也就是说，在迎来 60 岁的时候，至少还有 15 年左右的时间可以全力追求自己想要的生活。

当然，这一群体通过在组织内几十年的工作经历，大多数人已经在某个特定领域拥有了相当扎实的专业知识。但是，就算能够将限定在某个领域的知识传授给年轻的一代，却无法改变作为前提的价值衡量体系本身，也难以开拓出新的视野。拥有丰富经验的人若要走上新的道路，必须具备将自己已经储备的知识和方法相对化的能力。为了获得这种能力，必须利用人生最后的 15 年挑战中的前几年重新进入大学，打破自己固有的价值观，并努力建立新的知识想象力基础。调查发现，这样的群体实际上已经在不断增加。

下面对第三次入学的年龄做一些补充。如果是女性的话，不是 60 岁，可能在 55 岁之前进入这一阶段更为合适。此时子女已经长大成人，至少到了上大学或者就职，甚至结婚的年龄，开始独立生活了。在这个时期，此前为了育儿而奉献了半辈子的女性也会面临与退休前的企业职员一样的问题。离 75 岁还有 20 多年的时间，因此，能够在体力和知识能力上重新磨炼自己的人，也拥有足够的能力从事一份人生新职业。在这种情况下，学问基础和方法是不可或缺的，需要经过严格的训练，也有不少人是抱着这样的心态重新进入大学学习的。

大学面对这样多样化的群体，不能将他们视为“顾客”，而是应该建立一种体系，让他们经历比高中应届毕业生更为严格的训练。我们必须建立能够保证超龄大学生质量的体系，本科专业教育 3 年、硕士课程 2 年、博士课程 3 年以上，让他们修满规定的年限，达到不逊色于国际学术水准的水平。

如果能做到这一点，21 世纪的大学就会成为 30 多岁人的职场和社会知识、60 岁前后的人的丰富阅历与处世能力，再加上 20 多岁年轻人的知识灵活性和逻辑分析能力相互对话的场所，也将成为能不断催生出新的价值和认识的场所。而且，从大学运营的视角来看，18 岁人口不断减少，招收留学生也有一定限度，通过大幅增加 30 岁和 60 岁的新的入学者群体，至少可以使大学入学者人数增加 1.5 倍到 2 倍。从所谓的“近代化”开始到现在，从小学到大学按照“学年”，企业和官僚组织则是以“年龄层”和“工龄”等，总之都是依照呈直线型叠加的时间轴组织起来的。但是，在完成了工业化的现代社会，这种直线型时间轴已经逐渐崩溃。社会自身的时间轴已经变得更加分散，更加富有流动性。在这一背景下，大学内部也应该允许多条时间轴共存。

入学者的多样化及以学生为主体的学习

“主动学习”模式的课堂实践——以“Attack Me!”为例

21 世纪的大学如果是由多个年龄段、从事多种职业的学生构成的话，为了保证大学整体质量，就必须建立比此前更为严格、透明的“输出”，也就是“出口管理”体系。这一“出口管理”的根本，在于打造制度基础，以利于每门课的设计、运营以及课堂与学生互动。关于这一点，最近在与学习环境和课程开发相关的领域中，“主动学习”模式已经得到开发、推进，并在许多课程和实验中加以运用。风靡一时的桑德尔关于“正义”的公开课“哈佛白热教室”（Justice with Michael Sandel）〔8〕就包含有这种“主动学习”的内容。这样的

〔8〕迈克尔·桑德尔（Michael J. Sandel，1953— ）是美国哈佛大学政府系讲座教授，当代西方社群主义理论代表人物。美国波士顿公共电视频道（WGBH）制作了桑德尔教授“政治哲学”相关课程的节目，名为“Justice with Michael Sandel”。2010 年 4 月，NHK（日本放送协会）以“哈佛白热教室”为名播放了这一节目的日文版。

课程要求教师与学生通过对话来加深思考，因此不论是学生还是老师，都需要在课前做更多的准备。

我在自己的班上常年开设一门叫做“Attack Me!”的课程。所谓的“Attack Me!”就是“怼我！”的意思，以拳击作比方的话，我就是“沙包”，希望学生用自己的拳头毫无保留地攻击我，提高他们的“出拳力量”。

我在这门课上“约法三章”。例如“不能只进行概述”“不许赞扬”“不许说感想”“不许提问”等。另一方面，我希望学生能够对我撰写或推荐的书籍、论文进行“吹毛求疵”式的批判。从错字别字漏字，到表述的不成熟，从违背事实等表层问题，到缺乏理论统合性及一贯性、背景假设（Background Assumption）本身具有局限性等深层问题，让学生将他们认为“不行”的地方统统找出来，进行彻底的批评。

我成为拳击手的“沙包”，不论怎样的“恶言詈辞”都全盘接受。但这门课对于学生来说绝不轻松。实际上，我的论文和著作出自自己之手，因此我对其中的缺陷心知肚明，而对自己花了大量时间阅读的著作和论文，也已经有了明确的评价。就学生而言，我希望他们能够从这些教材和论文中自己发现问题，找出破绽，进行批判，而不是由我来告诉他们。如果只需要概述或者夸赞，头脑灵活的学生即使不怎么下功夫也能轻松做到。而在这门课上，学生需要面对眼前就站在讲台上的教师，对他的书籍和文章进行严肃的批评，这需要极大的勇气。为了能够进行高水平的批评，他们必须将这些教材和论文彻底吃透。

批评教师观点的五个阶段

在这门课上，我会提前说明批评教师观点的有效方法。大体来说有五个阶段。当然，诸如“总觉得不太喜欢”“不太适合我”“没太看明白”之类的感想不能算作批评，是不合格的，我会拒绝对话。要想对对方的观点进行学术性批判，首先需要将成为批评对象的具体表述摘取出来。在此基础上的第二个阶段，是在批评时明确自己的立脚点，并确认批评的前提。

第三个阶段，是从以下三个方法论标准具体展开批评。

首先是“实证妥当性”这一标准，即对方的观点是否符合事实。例如，“与统计数据相对照发现，这一表述并没有准确地陈述事实情况”这样的批评属于这一标准。

第二个是“理论整合性”标准，即检查理论的核心是否在论述过程中发生了变化。实际上，很多年轻学者的论文都容易出现这样的问题。在撰写论文的过程中随着思考越来越深入，出现前半部分和后半部分的观点不一致的情况。虽然对于本人来说，思考的深化是件好事，但是作为学术性表述却是不符合要求的。在这种情况下，就需要以深化后的认识为基础，对论文进行重新整理。如果论文首尾不一，会使读者在阅读的时候产生混乱。

第三个是“结论有用性”标准，即研究必须在某种意义上是“有用”的。当然，这个“有用”分为“作为方法的有用性”和“价值创造上的有用性”，至少文科较为重视的是后者，也就是我们所说的“原创性”（Originality）。“该研究涉及的内容在其他研究中已有充分论述，因此缺乏原创性”这样的批评属于这一标准。

第四个阶段，是明确这一研究的背景假设，并说明这一背景假设的局限性。所有的学问话语背后都有着意识形态或理论前提。美国社会学者阿尔文·古尔德纳〔9〕曾将其称为“背景假设”。优秀的批评能够展示

---

〔9〕阿尔文·古尔德纳（Alvin W. Gouldner，1920—1980），美国著名的社会学家。曾提出“两种马克思主义”，著有《新阶级与知识分子的未来》等书。

出对方的理论是基于怎样的背景假设，以及这一背景假设的问题点。如果能够做到这第四阶段的批评，其实就已经迈入了批评工作的最后阶段，也就是“提出替代理论”了。在这种情况下，替代理论是基于与对方不同的背景假设，因此能够产生某种范式（Paradigm）的转换。

范式的转换在理科领域具有革命性的价值。正如地心说与日心说互相矛盾一样，如果存在多个范式，那么必定有正确的范式和错误的范式。但是在文科领域，多个范式却通常能够共存。就算针对同一个研究对象，基于福柯的后结构主义的观点与基于帕森斯〔10〕的结构功能主义立场，虽然同样包含“结构”这个词，其含义却完全不同。再比如，对社会科学稍有了解的人都知道，马克思主义的立场与韦伯的行为主义立场，以及基于涂尔干〔11〕的社会学主义立场，对现代社会各种现象的处理方式也完全不同。就文科的学问来说，背景假设不可能只有一个，而是存在“这个正确，那个也正确”的现

〔10〕帕森斯（Talcott Parsons，1902—1979），美国社会学家，结构功能主义的主要代表人物。主要著作有《社会行动的结构》《社会结构与人格》等。

〔11〕涂尔干（Émile Durkheim，1858—1917），法国犹太裔社会学家、人类学家，《社会学年鉴》创刊人，与卡尔·马克思和马克斯·韦伯并称为社会学三大奠基人，主要著作有《自杀论》和《社会分工论》等。

象，即基于不同出发点存在多种“正确性”。

在“Attack Me!”的课堂上，我会先对以上“批评的推进方法”进行说明，之后把相关书籍和论文上传到互联网上。在此基础上，每次课堂讨论中，学生就这些文献中的一点或者两点进行批评。为了避免论点过多而导致焦点不够集中，我会对学生提出的论点数量进行限制。此外，我要求学生将这些批评写在大号便签纸上，并按照顺序贴在白板上。如果有助教，还会请他们将这些内容上传到“批判专用”的网页上，以便以线上的方式继续进行讨论。第一阶段，教师对每一个批评进行反驳，在此基础上，在第二阶段，为了增强批评的力度，我会让观点近似的学生组队，每个小组依次对我进行理论“攻击”。在这门课上，学生彻底成为进攻的一方，而教师则是防守方。双方以特定的文献作为材料，开展“学生攻击”和“教师防守”的论战游戏。

保证多样化的学生群体的质量，力推“出口管理”模式

上述尝试只是数不胜数的“主动学习”模式中的冰山一角。我之所以认为这种形式的课堂非常必要，最初

是因为上世纪 90 年代，伴随着研究生院重点化而出现了研究生的多样化。重点化以前的东京大学研究生院只要面对少数想要成为研究人员的学生就足够了。进入研究生院学习的学生都拥有相当高的学术水平，其关注的对象也限定在一定的范围内。在我的研究室，采用的是让学生们各自分担一部分章节，阅读最前沿的英语论文这一非常传统的方式。

但是，重点化导致研究生人数增加，研究生院的组织重整也不断推进，学生的学术水平和关注的问题的多样化程度也大幅增强，在这个背景下，彻底改革研究生教育的模式已经迫在眉睫。于是在 2000 年前后，我意识到进入研究生院学习的学生们不论从事什么题目、什么领域的研究，首先必须具备的是对先行研究进行正确批判的能力，因此，我开设了“Attack Me!”这样的课程。

在 21 世纪的大学里，伴随着学生多样性增强所产生的变化，比我在研究生院重点化时所经历的更为重大，这源于学生的知识水平和关注点以及文化、社会背景方面的令人震惊的多样化。要想在多样性不断增强的背景下确保教育的质量，必须采取与既有的“大众教育方式”所不同的教育模式。在大教室以讲授形式进行的课堂上，学生的水平相当，如果能够将他们的知识水平和关注点控制在一定的范围内，那么这种形式能够有效地发挥作用。经验丰富的教师如果能够把握学生的知识水平和整体“气氛”，并以此为参照，同时在讲课中还能夹杂些“段子”，那么这门课就一定能受到学生的欢迎。

但是，对于年龄层、社会及文化背景都已经大大多样化的学生群体来说，上述授课方式已经越来越不“吃香”了。仅靠大教室里的讲授形式，已经无法覆盖拥有多样背景的学生的知识水平和关注点了。此时，五人一组、十人一组的小班模式更为适宜，如果在同一个小组里，不同年龄层、不同文化背景和语言背景的学生能够一起合作解决问题的话，那么学生之间也会自然而然地受教于他人的智慧，开展热烈的交流与讨论。如此一来，在这种一定程度上依照“战略性”设计出来的课堂上，不同背景的学生通过彼此之间的知识合作获得丰富体验，课堂效果也因多样化不降反升。

但是在这种情况下，要想提高小组成员们的学术潜力，还必须建立另一种机制，即在学生小组和教师之间，引入接受过学术训练的博士后研究员或者拥有博士生水平的助教，他们分别负责每个小组，对课前课后各项工作进行全面指导。换言之，教师一方也有必要成立小组。因此，大学教育的中心由“一对多”，即教师将自己熟悉的知识传授给多个学生的方式，向着通过“多对多”“组对组”的形式，将整个课程“过程化”的这种方式转变，是非常重要的。

为了实现这种转变，就必须减少每位教师招收的学生数量（也就是降低学生教师数量比）。现在，包括旧帝国大学在内的主要国立大学的学生教师数量比基本控制在 10∶1 以下，从世界范围来看，这个比例也不算太高。但是如早稻田、同志社、立命馆等大规模私立大学却全都超过了 30∶1，甚至有的学校超过了 40∶1。从世界范围来看，这个数字令人难以想象，以此数据为基础的师资力量也无法确保多样化的学生群体教育水平。然而，如果大幅增加正式教师的数量，又会给大学的财政带来巨大的压力，无法轻易实现。因此，至少应该从现在开始，对博士水平的研究生进行能力方面的培训，使他们成为助教，并突破大学的框架，发展保证教学质量的 PFFP（前期教师发展项目）〔12〕体系，使得包含助教在内的教师整体数量与学生人数的比例提高，达到能使“主动学习”实际有效开展的水平。

〔12〕即 Preparing Future Faculty Program，原文中使用的是“Pre-FD”这个说法，与 PFFP 意思相同，Pre 指的是“前期的”，FD 是前文中提到过的“Faculty Development”（教师发展），指以想要成为大学教师的研究生为对象开展的有关教学能力的培训与开发。

大学教育从量的时代走向质的时代

迄今为止的日本大学教育是与高中一样以“学年”为基准来确定学习科目。若要从一年级升入二年级、三年级再到四年级，则需要取得包括必修科目在内的规定学分，而必修科目和优先选择的选修科目的分配像“防波堤”一样有效防止了每位学生从教育课程中掉队。没有取得足够学分的学生一般会“留级”，如果有特殊原因的话也会有相应的补救措施，而那些出类拔萃的学生，也会被赋予“跳级”的权利。

这种体系对于那些在年龄层、学习能力和职业背景方面同质程度较高的大学来说是简单高效的方式，但是并不能使多样化的学生群体的能力得到拓展。如果能够突破学科学部甚至大学的框架，实现科目和培养方案的共享与公开，同时通过科目编号建立学分互认体系的话，就能够设计出科目之间形成有机联系、横跨多个领域的课程了。

如果以这种高度结构化的课程为前提的话，那么在学生从入学到毕业的整个过程中的定位就不再取决于学生归属哪个年级，而是由修完了哪些课程、获得了多少学分来决定，即以“学分制”替代“学年制”。在学分制下，从原理上来说“留级”“跳级”这样的概念不复存在，但各个科目的学习成果将接受严格的检验，没有达到规定的成绩就无法获得学分。如果能在这种严格的标准下获得学分，加上成绩评定也具有较高可信度的话，那么会比在“按部就班”的学年制下取得的成绩和学位更透明，也更准确，大学也可以自豪地向社会宣传这一优势。

这一转变在经济高速增长期是无法实现的。这是因为当时的产业界希望大学能够每年向他们大量输送具备一定水平学习能力的、同质化的年轻大学毕业生，而并不要求他们有多么出类拔萃。可以说，正是因为每年有大量同质化的大学毕业生被同期输送出去，才使得战后日本的经济增长和之后的消费社会、信息社会得以实现。

但是到了上世纪 90 年代以后，社会对于这种“大众”的需求急剧下降。从同质化产品大量生产的时代向多品种少量生产的时代的转变，也显现在社会对大学毕业生的需求方面。在日本经济规模和结构不断变化的背景下，产业界不再需要在同一时期雇佣大量同质化的大学毕业生。企业录用标准不断多样化，个体的“质量”成为重要的衡量标准。社会与大学的整体关系开始从“量”的时代向“质”的时代转变。从大学方面来说，由于生产一定水准的、大量同质化的年轻人的压力减弱，也有了更多的余地让自身教育从“量”向“质”的方向调整。学生们不再拘泥于哪年毕业，哪年升入下一年级。对他们来说，比这些更重要的是将哪些科目进行组合并获取学分，如何将这些组合从初级阶段到高级阶段妥当配置，以及取得怎样的成绩等。

人文社会科学点亮新的人生

在价值核心多元化、复杂化、流动化的社会中生存

前文中，我论述了大学应该接受不同年龄层的入学者，这将有可能为大学提供新创造力的空间，换言之，也有可能让“人生三度入大学”成为社会的普遍观念。以此为基础，在本章的最后部分，我将说明以下观点。本章前述的时间、职业背景意义上的从“甲壳类动物”向“脊椎动物”的进化，也就是在高中与大学、大学与职场之间的“墙”上开孔，并让大学教育中使不同阶段的人生共存的这一变革，与前一章所述的通过 21 世纪的宫本武藏“二刀流”模式，也就是发展主修副修制、双主修制，将大学教育改变为多线条的形式，以应对复杂的、流动化的社会这一观点，两者互为表里。

人的一生为何要三度进入大学？在此，我们不妨重新思考那些似乎已有答案的问题。超龄入学者之所以出现，老龄化社会的形成是重要原因之一。从大学的角度来说，少子化导致 18 岁人口的持续减少，成为大学接受多年龄层入学者，并不得不向着考虑社会意义的方向作出改变的重要原因。但是，比起这些内外因，更根本的原因在于社会价值的多元化、复杂化和流动化。

在半个多世纪前，日本正处于经济高速增长的顶峰。那时，工业化、经济增长、“富裕生活”的实现等是社会的核心价值，大多数人都认为，不论日本将来朝着什么方向改变，这种价值观都将半永久地持续下去，价值核心的转变、多元化、流动化永远都不可能发生。当时正处在东西方阵营冷战时期，社会主义阵营和资本主义阵营都将自己一方的价值绝对化，大多数人也认识不到在这两个对立的意识形态的价值核心以外，还存在更多在未来社会值得追求的价值核心。当然，印度的甘地，以及在印度尼西亚召开的万隆会议（Asian-African Conference）上也提出了上述两个价值核心以外的内容，但是就整体而言，所谓的第三、第四价值还是处于边缘的位置。

但是，半个世纪以后，相信 60 年代的价值观依然保持原样或是应该保持原样的人已经是少数派了。这一价值核心并非从资本主义到社会主义的“革命性”的转变，甚至也不能说是从增长主义到成熟的生态主义的全面转变。在过去的半个世纪，尤其是 70 年代到 90 年代这一变动期里发生的，是价值核心的多元化、复杂化和流动化。如今有很多人认为，对自己来说重要的价值是不可能在全体国民中形成共识的（“和平”这一价值观或许是少数的例外），而且就算自己也无法确信同一价值观能够贯穿一生。对社会起导向作用的价值观一直在发生变化，因此很多人认为自己也需要尽早察觉这一变化，并尽量去适应它。

这一“毫无节操”的“大树底下好乘凉主义”明显存在着严重问题。但是，这一接近日本社会本质的倾向却没有那么容易扭转。我们至少应该从人们不再相信一个价值观是绝对不变的这一现状中找出一些正面发展的可能性。在现代社会中，价值的核心从本质上变得多元化、复杂化和流动化。如果以此为大前提的话，那么在大学里学习的知识以及毕业后在企业里作为年轻职员所掌握的本领，都不会成为一生不变的“前提”，这一点已被大多数人所理解。在这种时候，我们不应一味追赶、适应新的价值，因此特别需要能充分利用已有的知识和经验、勇于挑战创造新的价值、引领时代发展方向的人才。大学比任何一个地方都更有责任思考如何才能培养出这样的人才。

用“时间差”培养21世纪的宫本武藏

如前章所述，若要培养在价值多元化、复杂化、流动化的社会里充分发挥自身能力的年轻人，应该提倡宫本武藏主义。比起手持一把长刀上战场的佐佐木小次郎，双刀在手（一长一短或两长）的宫本武藏的“二刀流”模式更为有效。但是，与17世纪初的宫本武藏不同，21世纪的宫本武藏并不一定必须同时携带两把刀。打造“时间差”式的宫本武藏未尝不可，也就是在第一次入学的大学里学习“第一把刀”的使用方法，毕业后积累了一定的社会经验，10年之后再次入学学习“第二把刀”的使用方法，在即将退休的年龄，第三次进入大学并掌握“第三把刀”的使用技巧。利用这一时间差，21世纪的宫本武藏就有可能成为手操三刀的当代豪杰了。

利用时间差获得的两把甚至三把“刀”应该怎样组合使用呢？例如，有些人在第一次大学经历中，将工学作为“第一把刀”进行学习，毕业之后，又将社会学作为积累社会经验的“第二把刀”进行学习。或者虽然同属于文科，先学习英语文学，到了30岁之后再学习经营学，这种“时间差二刀流”的方式也值得一试。总而言之，对于30岁至35岁第二次、60岁前后第三次入学的学生来说，相比深化第一次入学时学习的知识，他们更需要的可能是各自以积累下来的实际经验为基础，重新学习对实现今后的人生愿景“有帮助”的领域。所谓的“有帮助”，指的是在各自规划新人生的过程中所必备的知识基础。

所以，第二次以及之后的入学，比起纯粹的理科，应该会有更多人选择文科或者是文理兼容的学科。第一次学习工科、第二次学习法学，或者第一次学习生物、第二次学习亚洲区域国别研究，又或者第一次学习计算机科学、第二次学习经济学、最后一次学习哲学，如此种种。

为何会呈现出这样一种倾向呢？理科包含许多需要立即应对当前问题、开拓最尖端科技的学科，因此在生产革新性成果上，年轻的头脑具有绝对优势。就算在大学接受了理科的教育，在中断研究工作而积累实际经验之后重新回到大学，也很难在理科领域生产出尖端的成果了。理科领域的知识越是处于前沿，越是变化迅速，一度离开研究一线的人就会成为浦岛太郎式的人物〔13〕。此外，在这种短时间内不断发生变化的领域里，与年轻的头脑进行激烈竞争的环境对于 30 多岁，甚至

〔13〕浦岛太郎是日本龙宫故事中的人物。他是一名渔夫，传说因救了龙宫中的神龟，被带到龙宫受到款待。但他接受了礼物回到家中之后，发现已经沧海桑田，认识的人全都消失了。此处用浦岛太郎来比喻那些一度中断研究工作、再回来发现已经难以适应的人。

60 岁前后的人来说已经不是一个现实有利的选择了。

另一方面，文科的使命是在利用在理科领域产生的技术的同时，深究其社会价值，并从地区到国家乃至整个世界的层面上对未来的商业模式、社会蓝图不断进行深入思考。当人们在职场中积累了经验，开始用长远目光看待事物的时候，就能以理论来充实这些在工作现场积累下来的经验知识，也有能力质疑这些经验知识正确与否，这就是文科的用武之地。

当然在这种情况下，在相对较短的时段内就能在实际工作中发挥作用的是经营学、法学等学科；在稍长一些的时段，在质疑并转变既有的自明之理的方面发挥出作用是社会学、人类学等学科；而在更长一些的时段，使我们在思考事物时追溯其根本的学科是哲学、历史学等学科。这些学科发挥作用的时段长短也各不相同。无论如何，虽然在短时间内难见成效，但着眼于长远效益的知识领域，对于第二次、第三次大学生活来说是最佳选择。

“论文撰写”的方法

但是，文科对于第二次、第三次大学学习来说更为有用，并不仅仅因为其拥有长期视野的学问内核，能够将每个人积累下来的经验知识相对化，那只是文科知识在“内容”方面发挥的作用。另一方面，在立足于社会的同时，通过自己的力量对事物进行思考和归纳，并将结论传达给别人的时候，文科的“方法”也能够有所助益。正如理科的学习通常都是以实验室为中心展开的一样，文科的学习一般都是以“研究组会”（Seminar）为中心展开的。而且每位学生最终都要回归到“论文撰写”这项工作上。“研究组会”加上“论文撰写”这一组合，包含着作为文科知识生产根本要素的“方法”。

为了说明这一点，我先解释什么叫“论文撰写”。文科领域的“论文”，指的是从论文撰写者的“设问”出发，在列举实证性论据的基础上，基于学术性的方法论，将对问题的“认识”加以深化，并以文章的形式统合起来的成果。这里包含五个要素，分别是撰写者的设问、学术性的方法论、实证性论据、以文章的形式统合和认识的深化。若要写出一篇优秀的论文，该如何整合上述五个要素呢？或者说，一篇被判定为不合格的论文，又是在哪个方面不合格呢？或许论文合格与否的判定标准上，理科与文科相差无几。但这里我能断言的，还是文科“论文”的标准。

如果将以上五个基本要素与研究过程结合起来的话，那么撰写论文应经历以下六个步骤：

（一）明确问题意识和研究目的；

（二）确定研究对象；

（三）对先行研究进行批评性探讨；

（四）建立分析框架（假设）；

（五）进行田野调查、其他调查、实验、资料收集；

（六）作出结论与评价。

学生在撰写论文时，尤其容易漏掉上述六个步骤中的第一个、第三个和第四个。对于大多数即将撰写论文的学生来说，写论文必须有一个具体的研究对象，必须通过田野调查、其他形式的调查实验等获取“数据”等这些起码的知识还是具备的。但是，有不少学生都误以为写论文只需要两个步骤，也就是只要确定了研究对象，收集了资料或进行了问卷调查和实验，并对其结果进行叙述就可以成为一篇论文了。但是，仅有这两个步骤的话，最多只能达到调查报告的水准，还不足以称其为“论文”。在撰写学术论文时，对第一个、第三个以及第四个步骤的深入认识是十分重要的。

从我指导学生撰写论文的经验来说，有相当一部分学生容易跳过第一个步骤，也就是“明确问题意识和研究目的”，直接从第二个步骤“确定研究对象”开始。然而，优秀的论文必须要在确定研究对象之前，或者在确定研究对象的同时将问题意识明确化。

这里需要说明的是，所谓的“问题意识”，指的并非是自己想要从事这一研究的契机，那叫作一个人的动机。当我问到“你的问题点是什么”的时候，许多学生开始长篇大论地回顾自己的个人历史，最后以“所以我对这个研究对象产生了兴趣”，或者“所以我特别喜欢这个研究对象”结束，算是回答了我的问题。但是个人的“动机”与学问的“问题点”是两回事。这里所说的“问题意识”说到底只是学问的“问题点”。无论从怎样的经验背景出发，经过冥思苦想，得出“思考这个问题从学问角度来讲是极其重要的”这一结论，这才可称之为“问题点”。也就是说，这个“问题点”或许是基于经验的，但是那并不重要，被定位为学问的“问题点”才是最重要的。

另一方面，最近许多学生在陈述论文构思时，会说：“我研究的问题（Research Question）是 1. ○○；2. △△；3.× × ……”他们通常都是从教科书中学到“写论文首先需要有研究问题”，并将其视为一种常规操作。然而在大多数情况下，如果以学生列举出来的三个甚至四个“研究问题”作为研究对象的话，那么这篇论文就会成为任何人都能够轻易构思出来的浅尝辄止的研究。也就是说，他们先确定自己感兴趣的研究对象，然后就这个研究对象撰写论文，并且为了使这个过程正当化，列举出看似合理的“研究问题”。这种做法无法促使认识深化，因此我通常会要求学生“说明你列举出来的三个研究问题之间的关系”，或者对他们说“三个太多了，请归纳为一个”。由于他们在思考“研究问题”时没有统合性，几个问题之间也没有相关性，所以通常无法说明几个问题之间的关系。甚至有的连“问题”都算不上，因为学生本人已经给这个“问题”预备好了答案，而这个研究只不过是想要梳理已经确定的故事线罢了。

从先行研究的批判到分析框架的建立

无法从第三个步骤“对先行研究进行批评性探讨”过渡到第四个步骤“建立分析框架（假设）”的学生也不在少数。很多学生会辩解说，“我的研究对象比较特殊，基本上没有什么先行研究”。然而，这种辩解通常都出自学习不够勤奋，或者不知先行研究为何物的学生之口。实际上，无论是多么特殊、新奇的研究对象，只要将其范畴稍稍拓展，或者深入思考一下先行研究为何物，那么就一定存在着相关的先行研究。

做出“没有先行研究”的判断本身就证明自己对于

研究目的的理解非常浅薄。如果将研究对象限定于与之对应的具体现象的话，那么确实存在没有先行研究的情况。但是，如果留意包含这一对象的范畴，以及作为研究该对象的理由也就是研究目的的话，就一定能找到大量与论文的学术性的“问题点”相关的先行研究。无论是哪个领域，都会有某种理论的“背景”，关于这一理论的问题设定已经有许多前辈进行了深入思考，他们留下的先行研究必然如满天繁星，数不胜数。

例如本书讨论的话题是 2015 年 6 月文科省通知引发的关于“废除文科学部”的争论。人们一旦将这一争论误解为文部科学省心血来潮做出的“拍脑袋”的决定的话，那么关于这一对象的先行研究必然不会存在。然而，我已在上文中阐明了以下事实，本书的问题点并不是这个“通知”本身，而是包含“通知”的批判者在内的、作为这一争论前提的“文科无用论”这一社会普遍观念。正如第二章所述，按照这个思路深入挖掘下去，早在 19 世纪末，同样的问题就已经在以德国为中心的国家展开过普遍的讨论，并成为 20 世纪欧美人文社会科学的根基。因此，关于本书的问题意识实际上已经存在数量庞大的先行研究了。

所以，一篇论文的成功与否，取决于如何巧妙地从第三个步骤“对先行研究进行批评性探讨”导出第四个步骤“建立分析框架（假设）”。为了得出具有原创性的结论，就必须建立具有说服力的分析框架。而后者又必须通过对先行研究进行有深度和广度的批评性讨论才能实现。前文介绍的“Attack Me!”这门课，恰好遵循了这一流程，即对先行研究进行批评，并通过这一批评来训练自己建立分析框架的能力。所谓对先行研究的批评，不仅仅是批评其与自己立场的不同，也不是单纯地继承其成果，而是针对先行的、既有的学术话语，抽出其具体的表述，并依照“实证妥当性”“理论整合性”“结论有用性”等几个标准进行审视，最终到达“提出替代理论”这一步。而这个“替代理论”正是前面所说的“分析框架”或者“假设”。

接下来轮到最后的“结论”了。这个“结论”恰恰是一个意想不到的陷阱。即便是在第五个步骤中提到的田野调查及其他调查、实验等工作上做出相当大努力的学生，也常常没有意识到提出结论的重要性，从而在“结论”这一章里只是简单地概括总结了自己所做的工作及全文的大致内容。对于这样的学生，如果问他“你的结论是什么”，他往往会回答，“我做了这些调查，并找到了这样的数据”。从这个回答中可以看出，学生并没有理解什么是“结论”。“结论”是与问题意识和研究目的相呼应的，针对最初提出的“问题”，经过一系列研究步骤之后给出的“答案”。此外，要想得出具有原创性和说服力的结论，最初的问题意识和研究目的必须十分明确且焦点集中。“论文”应该像一件丝织品一样，由从头到尾具有一贯性的理论编织而成。

作为方法的“研究组会”

文科领域学习与研究的基本要素除了“论文撰写”之外，还有“研究组会”的讨论。就算掌握了一定的基础知识和研究方法，若要将其与最后的学习成果相关联，则必须将上述两个实践过程结合起来。以下我将以我在东京大学开设的研究组会为例进行介绍。

在我的研究组会上，每次必定安排 3 名学生就自己的研究进行介绍，每位学生的报告时间控制在 20 分钟以内。此后，进行约 40 分钟的讨论。讨论时使用日语、英语均可。所有参与的成员虽然都大致能听懂英语，但对于有些日本学生来说，无法用英语对自己的研究进行充分的说明。另一方面，留学生中也有一部分并没有经过日语能力的选拔，因此，我鼓励学生在用日语进行报告时，尽量添加英语的摘要。

重要的是，报告时间必须控制在 20 分钟以内。这是因为对于一个年轻学者来说，将自己的研究要点在 20 分钟之内表述清楚，是一个必要的训练。如今，任何一场国内外学术研讨会，个人的报告时间都限制在 15 分钟至 20 分钟内，这已经成为一种国际惯例。目前还名不见经传的未来学者必须在这一国际惯例的框架下，锻炼将自己的研究成果有效传达给对方的能力。就我自己的经验来说，如果项目介绍有 10 分钟，研究内容的说明有 20 分钟的话，那么就足以将自己的研究目的、研究方法、研究思路等精华部分向对方介绍清楚了。只要有 20 分钟，哪怕再高深的理论，对其研究的“问题点”是什么、针对这一“问题点”得出了怎样的“答案”等核心部分的说明是可以做到的。因此会在一次研究组会中将报告和讨论分为三个部分，除了上述 10 分钟的项目介绍外，再由学生进行 20 分钟的报告，最后所有参加者进行约 40 分钟的讨论。

我认为，在研究生院重点化以后，既有的研究生教育已经无法应对学生的多样化，因此在超过 15 年的时间里一直坚持举办这样的研究组会。假设组会隔周举行，参加组会的学生总共有 20 人的话，那么每位学生在三个半月也就是一个学期的时间里，至少有一次机会进行自己的研究报告。上下两个学期再加上夏天组织的“合宿”[14]，一个学生一年至少有三次机会在研究组会内部进行报告，反复接受来自同伴和老师的提问和质疑，并在这个过程中得到锻炼。

上述方式是研究生院的案例，是否能够照搬到本科中还不得而知，但是基本的方向是一致的。在本科教育阶段中，文科院系举办研究组会也是非常重要的。一个组会最多能容纳 25 人到 30 人。拙著《何谓大学》中也写过，由教师与助教或者学生组成的较少人数的组会上，成员们对学术问题进行彻底的讨论。19 世纪初，曾经一度荒废的大学在洪堡以“研究与教学相长”为目标的理念指导下得以复活，其关键架构就在于这种组会。而组会的核心则是对话的创造力，也就是一个人进行报告之后其他成员针对其报告进行讨论的这一方式所包含的知识创造性。在这个过程中，蕴含着大学学习的核心潜力。大学教师不仅要传授专业知识，还要助他们（报告者和讨论者）一臂之力，将讨论引向正确的方向，因此必须是具备激发学生们知识创造力这一素质的人才才能胜任。

这一重视相互对话的研究组会模式也是在世界范围内通用的。不论学问的立场和内容有多么不同，全世界

〔14〕即所有成员参加的同吃同住的集中训练。

的大学都在报告、讨论和对话的过程中创造出新知识。不仅如此，正如我的研究组会所参照的基准，国内外的学术研讨会正是这种研究组会模式的升级版。因此，经过研究组会的学术训练的年轻人只要具备足够的英语能力，就能够在国际研讨会上展示自己的才华。实际上，我经常带领博士研究生去交通住宿费较为低廉的国外城市参加国际研讨会，并让学生在会上发表自己的研究报告。这一次又一次的参会不仅带给他们宝贵的出国经历，更提供了完善、深化自己研究的大好机会。其实，不论是国际学术研讨会还是其他国际会议，与大学内部的日常研究组会并没有本质上的区别。

终　章
普世性、有用性、游戏性

坂口安吾的宫本武藏论

战后，作家坂口安吾以其《堕落论》风靡一时，而他的《青春论》也令人受益良多（坂口安吾《堕落论·日本文化私观》，岩波文库，2008 年）。该文写于 1942 年秋，正是日本在中途岛海战中败北，战况越来越令人绝望的时期。全文贯穿着坂口强烈的反权威主义，让人深信文中偶尔突兀出现的祈愿日本战胜的文字，只不过是欺骗世人的表演罢了。在这篇《青春论》中，坂口安吾也谈到了宫本武藏。

文章的具体内容在此不再赘述，坂口安吾的基本主张是，宫本武藏的剑术具有与武士道完全不同的实战性质。武士道是作为臣下对主公的行为规范而发展起来的，比起实际获胜更重视秩序规范。但对于剑术而言，在对战现场战胜对手是唯一的价值。对手尚未准备就绪就攻击过于卑劣，或是大家在自报家门之后才可动手，这些在德川时代确立的武士道的规范意识，与剑术无缘。

对于坂口而言，宫本武藏的价值，就在于他是一个彻头彻尾的剑术家，而非武士道的遵循者。宫本一直苦苦思索，面对比自己见识更广博、技术更精湛的对手，如何才能战而胜之。于是他在松平出云守〔1〕邸与其家臣中排名第一的剑客比试之时，不等互相打招呼，就趁其不备突然进攻，将对手击败。手段看起来很是卑劣，但按宫本的理解，切磋亦如作战，既然身临战场，就应该周全准备随时应战。“剑无定数，攻敌之不备便是剑术。”“无论是敌之心理还是敌之疏忽，抑或是敌之弱点，抓住任何可利用之处战而胜之，这便是武藏创造出的剑术。”

坂口认为宫本武藏强调的是变化的价值。据说宫本曾说过：“智者常由一而二，而愚者只知一即是一，见智者由一而二则勃然大怒，称其诡诈，责其违约。然随

〔1〕即松平直政（1601—1666），江户时代前期的大名，德川家康之孙，1638年转封为出云国松江藩初代藩主，据说本人精于武艺，家臣中高手众多，宫本武藏便是受其邀请前往切磋剑术。

时应势变其身而易其心，实乃剑术之精义也。”坂口对宫本的这一想法极为赞同。

宫本武藏的才能在与佐佐木小次郎的决斗中得到了淋漓尽致的发挥。小次郎以快剑，即出剑异常迅速而闻名。宫本的剑速不及小次郎，为了战胜这样的对手，他精研对手的战法，找到了能够攻击其弱点的方法，为此临时制作了特殊的木刀，并且故意大大迟于约定的时间才到达决斗现场，继而以言语挑衅，让本就等得不耐烦的小次郎愈发烦躁，终于失去冷静。宫本抓住稍纵即逝的机会一击而中，最终取胜。说是出其不意也好，心理战也罢，这一战法绝不算是堂堂正正。“溺水求生时就算是一根稻草也要抓住不放，彻底利用每时每刻身边可以利用的东西，千方百计向着最终存活之目标而去”，坂口认为这种变幻莫测和不肯放弃，正是宫本武藏剑术的精髓。

因此，宫本武藏的剑术，与负责指导德川将军家、进入权力中枢的柳生流剑法，可谓处于两个极端。柳生流根据作战的种类规定了大小 62 种太刀招数，其训练方法是事先彻底掌握这些招数。宫本批评其为形式主义，他认为作战中的变化无穷无尽，即使事先掌握了特定的招数，实战也未必会有完美的用武之地。不如放弃固定的招数，根据对手改变自身，掌握这种灵活的应变能力才是关键。

现代的大学，已经深深陷入了柳生流的形式主义，或者叫做专业主义，这是本书大致的诊断结果。柳生流规定的 62 种太刀招数，就如同现代细分化的专业领域。如上文所述，在现代，知识与社会都在复杂地流动。在这样的时代谋生存，宫本的方法远比柳生流的招数更为有效。小次郎的强大他人难以企及，但这种强大也是单一的。当它有效时，宫本武藏绝对无法战胜小次郎。但宫本恰恰发现并利用了其单一的局限性。面对小次郎的专业卓越性，宫本以灵活的跨界性最终获胜。

当然，“二刀流”也许并不是唯一的解答，但宫本的二刀流，是他适应各种状况而创出的变幻莫测的剑术，是在置之死地的挣扎之中悟出的一种方法。在后世的我们看来，面对变化保持开放的宫本的态度，在“二刀流”战法中得到了最为简洁明快的概括，也正因为如此，宫本的传奇故事才会在大众心中与二刀流紧密结合在了一起。

从宫本武藏到哥白尼

宫本武藏生活于 16 世纪至 17 世纪的动荡年代，而比他再早一个世纪，在 15 世纪至 16 世纪的欧洲，哥白尼也经历了时代的变迁。让哥白尼名垂青史的，当然是其日心说，但他并非从一开始就是一名天文学者。不仅如此，实际上“天文学者”这一头衔很难概括他丰富的一生。

青年哥白尼就读于波兰的名门大学克拉科夫大学，本来是为了继承其伯父的衣钵，成为一名天主教神父，因此他的主要专业领域是神学。但当时大学已经开设了博雅科目，他也在其中学习了数学与天文学。随后他前往当时的学问中心意大利北部“留学”，进入世界最古老的博洛尼亚大学修习法学。之后暂时回到波兰，又再次返回意大利北部，在帕多瓦大学学医，取得博士学位，并在费拉拉大学获得神学学位。也就是说，哥白尼是一名先后在克拉科夫大学、博洛尼亚大学、帕多瓦大学、费拉拉大学等当时的名门大学游学、留学，修习了博雅科目以及法学、医学、神学等各大学科，并取得了若干学位的知识分子。

之后，他并未成为大学教授，而是选择回到故乡波兰，成为一名神职人员。在故乡，他是一位无人不知的名医。天文学对于哥白尼自身的“自由”（liberal）精神而言十分重要，但他的社会地位是在“神父”而非“天文学者”的名下得到保障，他的社会声誉也是在“医生”而非“天文学者”的名下为人传扬。

哥白尼坚信日心说的最大理由，并不是同时代天文学上的发现。媒体史经典《印刷革命》[2]的作者伊丽莎白·L. 爱森斯坦指出，哥白尼的日心说与谷登堡发明活字印刷、大量印刷书籍出现于欧洲这一背景有关。哥白尼时代与之前时代最根本的区别，不在于天文学本身，而在于围绕天文学的信息环境。与之前的学者不同，哥白尼是能够通过多种多样的印刷品广泛收集天文学数据，从而进行比较参照以验证学说的第一代学者。16 世纪也是一个信息爆炸的时代，信息获取能力的戏剧性变化，拉开了我们称为“近代”的新时代的序幕。

可以说哥白尼是站在从“中世纪”迈向“近代”，两个时代重叠转换的临界点上之人。他的学问基础，培养于中世纪的大学体制中。神学、法学、医学，还有博雅，是中世纪大学的根基，像他这样广纳博究的情况，绝非异数，甚至堪称常见。与他几乎同时代的众多意大利人文主义者，都曾辗转各大城市，游学于诸多大学。

例如英年早逝的天才乔瓦尼·皮科·德拉·米兰多拉[3]，游历各方之前就曾在博洛尼亚大学学习法学，在

〔2〕中文版见（美）伊丽莎白·爱森斯坦著，何道宽译《作为变革动因的印刷机》，北京大学出版社，2010 年。

〔3〕乔瓦尼·皮科·德拉·米兰多拉（Giovanni Pico della Mirandola，1463—1494），意大利人文主义者、哲学家。

帕多瓦大学修习神学。而著名的伊拉斯谟[4]也游历了巴黎大学、牛津大学、都灵大学、剑桥大学、鲁汶大学等众多学府，未曾固定在一所大学担任教授。

另一方面，哥白尼的后半生，是活字印刷即将开辟近代知识新天地的时代。在印刷媒体带来的新信息浪潮中，大学作为传承知识的体系已经陈旧，被时代抛在了身后。但即使是在宫本武藏的时代，欧洲也还有伽利略[5]这样的人。他先是在比萨大学学习医学，之后成为该大学固定任期的数学教授，任期结束后成为帕多瓦大学的教授，主讲数学和天文学。

这是人类历史上知识创造力异常旺盛的时代。被后世称为“文艺复兴”的这一时代，以意大利北部为中心，天才大师辈出，如群星璀璨。无论是拉丁语的通用性，还是泛欧洲的大学体系，又或是活字印刷带来的信息浪潮，与 21 世纪全球化社会相通的诸多时代特征，激发了这些天才们的想象力。对于他们而言，岂止是“二刀流”，“三刀流”“四刀流”也实属平常，而支撑着他们的“多刀流”的，不仅仅是其天赋，更是覆盖全欧洲的大学网络。

---

〔4〕德西德里乌斯·伊拉斯谟（Desiderius Erasmus，1465—1536），荷兰人文主义者，语言学家、思想家。

〔5〕伽利略·加利莱伊（Galileo Galilei，1564—1642），意大利物理学家、数学家、天文学家、哲学家。

酷似16世纪的21世纪

将宫本武藏与哥白尼相提并论，除了他们都生活于世界史意义上相通的巨变时代之外，并没有其他深意。宫本是战国时代的剑术家，哥白尼是中世纪的学者。二者所处的，都是社会迈向近世或近代这一巨大发展时代的前夕。欧洲在16世纪以后，经过大航海时代与印刷革命，迈向帝国主义、近代科学、国民国家逐步兴起的新时代。哥白尼是催生了这一变化的主角之一，但他自己的人生完结于变化发生之前。在日本，随着德川幕府体制的确立，宫本武藏那样的生活方式不再被允许。得到坂口安吾高度评价的宫本武藏，是到冬夏大阪之阵〔6〕为止的宫本，那之后的宫本就失去了之前的光彩。

今天，历史状况再一次接近16世纪。20世纪90年代冷战结束，世界再次被巨大的资本主义的浪潮所吞噬。这一现代的全球化，处于16世纪大航海时代的延长线上。过去数百年间，全球化的市场体系占优势的时期与国民国家体制占优势的时期交替出现。20世纪30

〔6〕大坂之阵（1614—1615）指德川家康建立江户幕府后在大坂城附近消灭丰臣家的战争，包括1614年11月至12月的冬之阵以及1615年5月至6月的夏之阵，之后日本社会由长期的乱世进入治世。

年代到 70 年代，是福利国家体制，也可以说是国民国家占优的时代，其背景是东西方的冷战格局。而从冷战结束前后开始，在新自由主义的潮流中，出现了与 20 世纪 20 年代之前一样的情况，即全球化的市场再次显示出其力量。这一“全球化”（global）与“国民国家化”（national）交替史的起点，就在 16 世纪，在世界以白银的价值联为一体的大航海时代。

另一方面，今天数码技术带来的信息爆炸，也使得 21 世纪酷似于 16 世纪。如上文所述，哥白尼提出日心说的背后，活字印刷技术带来的信息爆炸起到了关键作用。而今天的 21 世纪，无论是全球化的金融市场，还是无边界获取信息的可能性，比 17、18 世纪以降的任何时代，都更接近 16 世纪。

相隔 5 个世纪的这种酷似，显示出了无边界化，即分隔各个领域的障壁崩塌，世界超越阈值相互连接、流动不定的倾向。社会壁垒降低，人们能够在比较自由的移动之中掌握知识和技术，这一点 16 世纪与 21 世纪也颇为相似。青年宫本武藏与青年哥白尼，尽管在诸多方面都完全不同，但有一个共同点，就是都是“游历”之人。在游历中宫本磨练的是他的剑术，哥白尼提高的则是其学术。而创造出游历机会的，是社会整体的流动和无边界化。

在思考全球化的历史时，我们需要面对近代这一从

16 世纪持续到 21 世纪的巨大起伏。当然，这一起伏中有着数道断层。在日本，19 世纪中叶的幕末维新、20 世纪中叶的二战战败，就是这样的断层。可以说 21 世纪初的当下，也是这一巨大起伏开始显露其破绽的断层。

在这样的危机时代，能够创造出价值的，是超越固定观念、秩序、学科、领域，具有创造性的跨境力量。如果宫本武藏不是游历四方，而是终身侍奉一位主公，也许有几分剑术之才，但终究还是一个默默无名之辈。如果哥白尼不曾前往意大利北部留学，而是一直留在波兰，那么第一个提出日心说的也许就会是别人而不是他了。而在哥白尼的时代，他之所以能够游历四方，无疑是因为覆盖了从意大利北部到东欧、北欧，以至于英国的广大地域的大学网络的存在。

大学应该超越战争与政治

欧洲自 12 世纪至 13 世纪以降，经历了诸多战乱烽火，比日本的战国时代有过之而无不及。在累累战事中，城市遭受毁坏，许多国家也被灭亡。即使在战乱似乎应该终结的启蒙时代之后，德法之间依然战火不断，如果加上两次世界大战，即使进入 20 世纪以后，血腥的战事也从未停息。在这一过程中，若干次重大变化带来了人们价值观的根本改变。鼠疫的流行、宗教战争、法国大革命、产业革命、极权主义，让欧洲人的价值观无数次被动摇颠覆。即便如此，在过去 800 多年中，大学一直绵延不绝。当然，较之中世纪的大学，近代的大学的性质已经发生了重大的变化，但大学依然是比国民国家、比资本主义更为源远流长的制度。

不仅如此，近代大学的诞生，即大学于 19 世纪在德国奇迹般的重生，正是在战乱之时，在德国决定性地败于法国这一屈辱的体验发生之际。军事上的败北，激发了学术和文化的复兴，以及走向卓越的欲望。

同样的化学反应，也可以在明治以后担负创建日本大学重任的人中不少来自戊辰战争中的败方〔7〕这一事实中看到。曾担任同志社大学校长的山本觉马，以及担任东京帝国大学校长的山川健次郎，对于两所大学而言都是非常重要的人物，而他们都是会津藩的藩士。大隈重信是佐贺藩的藩士，他创立早稻田大学的契机，是明

〔7〕戊辰战争是指 1868 年至 1869 年，经过王政复古建立了明治新政府的萨摩、长洲、土佐藩为中心的新政府军，与旧幕府军及奥羽越各藩同盟之间的内战，因为 1868 年的干支而得名。这一战役以新政府军的胜利结束，明治政府在国内外成为代表日本的合法政府。以东北为中心的佐幕派同盟军最多时有 30 多个藩参加，包括仙台、盛冈、米泽、会津、庄内、福岛、山形、长冈等藩，在此战中成为败方。

治十四年（1881 年）政变的失败和下野。中津藩（大分县的一个小藩）的藩士福泽谕吉并非佐幕派，他成为明治日本代表性知识分子的契机，是游学大阪进入适塾〔8〕学习的经历。游历与跨境的经验，无疑是日本近代的原动力。

福泽谕吉在《劝学篇》中指出，虽然近来对西洋知识的翻译如火如荼，但学者只是一味输入知识，却对其中蕴含的精神缺乏理解，对如何将其精神适用于日本的现实也不加思考。他对此提出了批评，随后大笔一挥，“学者士君子，皆只知有官而不知有私，只知立于政府上位之术，不知居于政府下位之道”，对官学学者只是热心服务于政府进行了严厉的批评（福泽谕吉，《劝学篇》第四篇，《论学者的职分》，岩波文库，1942 年）。

明六社〔9〕的同僚都感觉福泽是在批评自己，争先恐后地著文反驳。其中东京大学首任“综理”加藤弘

〔8〕正式名称是“适适斋塾”，1838 年日本兰学的先驱者绪方洪庵开设于大阪船厂的私塾，因绪方的号而得名。门下名士辈出，是大阪大学及大阪大学医学部的源流之一。福泽谕吉入门是在 1855 年。

〔9〕1873 年设立的日本最早的近代启蒙学术团体，因设立于明治六年而得名，初期成员有森有礼、福泽谕吉、加藤弘之、中村正直、西周、西村茂树等人。1874 年发行会刊《明六杂志》，1875 年杂志停刊，明六社事实上解散，后成员多数进入福泽任第一代会长的东京学士会院。

之[10]的反论是:“先生之论乃自由主义(liberal)。……自由主义论调过激,则国权将因之衰弱。”(加藤弘之,《答福泽先生之论》,《明六杂志》上卷,岩波文库,1999年)这一论战,无论是内容还是意志,都明显是以福泽谕吉的胜利告终。福泽进而宣言,“费百回之说教莫如展示一回之实例。今我将展示私立之实例,以明育人之事业不可独付于政府,学者亦可以私力行之也”,正式开始筹建庆应义塾大学。

上述插话,象征性地说明了大学原本应该是为什么而服务的机构。在欧洲,败于拿破仑大军的人们创造出了近代新型大学的框架,在日本,则是败于萨长联军或藩阀政府的人们在大学历史上做出了巨大贡献,这并非偶然。他们之所以在大学上倾尽心力,是因为认识到大学是为远远超越当时的政府及国家的价值而服务的机构这一性质。事实上,自从12世纪诞生于欧洲以来,大学一直有其终极目的。更准确地说,大学正是以此确立了自身的正当性、权威性,并让掌权者承认了其优越地位。正如第二章所说,这一终极目的,简而言之就是“人类的普世价值”。

---

〔10〕加藤弘之(1836—1916),日本明治时代的政治学家、教育家。1881年至1887年任旧东京大学首任综理,1890年至1893年任改制后的东京帝国大学第二代总长。“综理”和“总长”都是校长的称呼。

什么是“人类的普世价值”，对于身处基督教世界的中世纪大学而言，是比较容易理解的。当时的普世性首先是基督教式的普世性，在结合了经过伊斯兰文化重新导入的亚里士多德哲学之后，最终形成了经院哲学复杂的体系，这一点已经在拙著《何谓大学》中论述过了。19 世纪以降的大学，逐渐远离这样的宗教价值观，与启蒙价值的普世性相结合。而启蒙价值中蕴含的西方中心主义、民族自我中心主义，进入 20 世纪后又在人文社会学科诸多领域受到批评。

但这并不意味着大学不再追求某种普世性。因为这么做无异于对大学自身的否定。大学依然保持着超越共同体、国家、企业、宗教等个别价值的局限性，以在疆界之外或是跨境的方式，追求并创造价值的力量。在现代社会，这一价值就是全球社会的未来价值，或者说是普世的知识卓越性。不管具体是什么，大学都是服务于超越国家的普世价值的存在。

与普世价值之间的距离，也决定了大学这一组织影响所及的范围。大学的普世性目标比业界团体、国家的利益或是价值要遥远得多，因此需要更长时间实现，其射程范围也更宽广。在大学之外的业界团体或是政府眼中，大学追求的价值与自己日常接触的价值相比过于遥远，因此会产生“大学实在搞不懂”的印象。在他们看来，大学如果能信奉与自己同样的价值并发挥其才能，该是多么“有用”，可大学追求的却常常是“过于高迈”的理想。

但这一价值的高远、普世性，正是大学的生命线所在。大学所追求的，也是必须追求的价值，不是三年五载、五年十年就能取得成果的价值。确实，理科的研究能够在比较短的时间取得一定的成果，也因此获得了来自外部的“易懂”和“适合投资”等评价。与之相对，文科的知识，除了法学、经营学等部分内容，大致上都是以 30 年、50 年、100 年为跨度在思考自身的价值。

今天的大学，不再处于追求永恒价值的基督教式普世性的支配之下，19 世纪那样信奉近代启蒙理念的大学也是少数。但区分大学与专业院校的关键是，大学并非回应社会需求而供给“人才”的职业训练所，而是超越这种人才需要的短期变动，与具有更长远时间跨度、更宽广空间延伸的价值相联系。今天，正是在宣称自己服务于人类的普世性，尤其是服务于面向全球社会未来的价值这一点上，大学才可以说保持了应有的本色。

作为有用性基础的游戏性

至此，本书也迎来了尾声。在结束以四章的篇幅展开的讨论之前，我还想补充一点。在本书中，我强调文科“其用长久”，反对文科“虽然无用但有价值”的立论方式，主张文科与理科“有用”的方式不同。只有这样的主张，才能揭示被大家普遍认为理所当然的理科有用主义所蕴含的局限性。

希望读者们不要误解，我并不是说文科之中没有“无用”的部分，也无意主张应该剔除这样的部分，而只是想强调文科有着较远的射程，能够应对现有价值的转换，创造出新的价值。这种创造价值的有用性，对于我们社会的未来而言不可或缺。尤其是参照本书提到的“宫本武藏的二刀流”或“作为人生转折机遇的大学”等观点来看，与无法超越工具有用性的理科相比，能够将目的和价值相对化的文科，是今后大学应该加强的另一种有用性的基础。

同时，创造价值的有用性扎根于完全无用的游戏性学习这一地基之上。我想在本书结尾介绍一下荷兰的历史学家，曾任莱顿大学校长的约翰·赫伊津哈在《游戏的人》（*Homo Ludens*）〔11〕中的著名洞见。赫伊津哈在这部著作中通过丰富的例证，具有说服力地阐明了所有

〔11〕中国于1996年出版了该书的首个中文版本，目前市面上有多个版本，如（荷）赫伊津哈著，何道宽译《游戏的人：文化中游戏成分的研究》，花城出版社，2007年等。

文化的根基之处都有着“游戏”的身影，文化本身就是一种游戏这一观点。他认为不应以游戏之外的目的或原因，即有用性或必然性来理解“游戏”，“游戏”是能够由本身出发，观察所有文化现象的“根源性的生活范畴”（赫伊津哈，《游戏的人》，中公文库，1973 年）。

因此，他从“游戏这一层面”重新审视所有的文化现象。诸如语言、神话、祭仪等文化的根源性形态，都是以游戏为基础的。语言领域中无论多么抽象的表现，都是依靠比喻的作用来支撑，而在任何比喻之中，都潜藏着语言游戏。在神话、祭仪创造的世界中，也随处可以感受到游戏精神。也就是说，自从人类开始集体生活、形成文化之始，文化之中就处处交织着游戏。

赫伊津哈的论述中最为重要的一点，是一举逆转了此前作为隐含前提的游戏的从属地位。他反对将“游戏”与“认真”对立起来。实际上，人们常常比参与任何其他活动都更认真地投入到游戏之中。按照赫伊津哈的主张，不是游戏处于文化的边缘地带，而是文化通过游戏而生成。游戏不存在的地方，无法真正产生充实的意义。游戏，才是所有意义世界的母胎。与“游戏人间”这样带有贬义的理解正相反，赫伊津哈的“游戏的人”，揭示了价值在社会中生成时的根基所在。

从赫伊津哈的这一洞见出发，大学的知识生产，特别是文科知识生产的根基，应该建立在“游戏”之上。完全无关乎是否有用，只是“游戏”其中，才是存于大学学习与知识生产根底的活动。出色的教师，一定是善于“游戏”之师，优秀的学生，也一定是长于“游戏”之生。反过来说，大学的知识生产中如果失去了“游戏”精神，其创造性也会丧失。近年来疲于应付中期计划、中期目标的国立大学，正处于这样的丧失状态。今天的大学，特别是国立大学，虽然确实也承受着外部的巨大压力，但更大程度是自己将自己淹没于目标设定、自我管理、预防骚扰、合规确认以及各种各样的注意义务之中，无法呼吸。这可以说是丧失了“游戏”精神的典型症状。

本书并不否定存于知识生产根底的游戏性。毫无疑问，大学知识生产得以成立的基础之中，有着“游戏”的身影，也应该有其身影。但这一游戏性，在大学之外的中小学，在所有学校的现场，都应是学习的基础。因此，大学既需要重视与这些学习或文化整体相通的“游戏”基础，也要努力将这一“游戏”升华为价值多元的普世性。包含着“升华”，即包含着不断向上、及至高远的价值生成之轴，正是人类历史上大学知识活动卓越性的根源所在。

赫伊津哈出版《游戏的人》是在 1938 年，两年后的 1940 年，纳粹德国入侵了荷兰。从赫伊津哈的著作中嗅出了批判纳粹主义气味的纳粹党关闭了莱顿大学，将校长赫伊津哈关进了强制收容所。虽然不久他就得到了释放，但直到纳粹崩溃前夕 1945 年 2 月去世，一直都处于软禁之中。透过这样的时代背景重读其对“游戏的人”的洞见，不难理解这是他对现代极权主义、管理主义的透彻批判。20 世纪 30 年代是自由被无情抹杀的时代，纳粹主义横行，而赫伊津哈洞察到“游戏”正是自由的根基，他用尽人生最后的力气，捍卫着“游戏”的创造性与根源性。

大约 80 年后的 2015 年夏天，日本发生了抨击文科省通知的骚动，虽然如第一章中所述，这实际上是整个社会受到媒体记者们过于浅薄的报道煽动的结果，但众多大学人士也参与其中，在我看来，是因为他们抱有与 20 世纪 30 年代末的赫伊津哈同样的危机感。对于 21 世纪初以来大学的变化，许多大学相关人士都感到，这样的“改革”指向的不是“自由”而是“不自由”，可谓倒行逆施。在这样的精神苦闷中接触到相关的报道，于是不假思索做出了反应，也许这就是他们在去年夏天的真实状况。

正因如此，真正应对问题的方向，绝非一味止步于大学及其文科目前的窘况，坚称文科“虽然无用但有价值”。“游戏”与“有用”，游戏性与有用性之间的关系，并非相互排斥。正因是游戏所以有用，从游戏性中产生新的价值与目的，有用性也随之成立，这一路径确实存在。就我所知，实际上日本的产业界中就有好几位优秀的经营者，对这一路径知之甚详。要发现这样的路径，需要能预见到未来价值的生成与变化，三年五载远远不够，需要看到30年、50年、100年这样漫长的时间之后。因此，我们不应畏惧被遏制的昔日亡灵再次复活来袭，而应面向 50 年、100 年之后的未来，思考那时需要怎样的大学，应该在怎样的展望中重整、重构人文社会学科的学问。我认为仅仅延续现状是绝对不行的。即使为了避免自我否定的命运，大学也应该彻底改变人文社会学科只需坚守传统便可的思维方式。

后　记

本书是拙著《何谓大学》（岩波新书，2011 年）的续篇，同样是将大学视为媒体的尝试，可以看作前者的应用篇。《何谓大学》将过去数百年的历史纳入视野，是大学即媒体这一理论的原理篇。本书则着眼于 2015 年夏天在极短时间里发生的一场“骚动”，讨论其背后围绕大学制度近几十年来的变化，以及潜藏其中的社会一般观念，思考有助于克服这种种困难的大学应有之姿。

在这次“骚动”中，媒体记者对所讨论的“通知”的来龙去脉缺乏理解，却若无其事地按照其表面文字撰写报道，而一部分大学人士和媒体评论家则既不查阅相关资料，也不对报道文章进行系统查证，就以媒体的信息为前提展开议论。但笔者之所以对此产生兴趣，不仅仅是因为对他们这种缺乏自我意识的退化怒其不争，也是因为在阅读了一些资料后，察觉在这一“骚动”的深处潜藏着一些裂隙，通过这些裂隙，我们能够发现新自由主义席卷之下自20世纪90年代起逐步侵蚀日本大学教育根基的巨大问题。

文科省释放了意在“废除文科学部”的通知这一信号，为什么能在日本的媒体、评论家、大学人士中间，甚至能在从产业界人士到普通国民之间引起如此轩然大波？这一反应，是以弥漫于这个社会中怎样的无意识为基础？又有怎样的危机在这场骚动之中被忽视、被忘却？

在本书中，笔者不但批评了“文科无用，不妨弃之”的意见，也批评了“文科虽然无用但有价值”的论点。与之相对，本书的观点是“文科必定有用”，但这一主张的前提，是追问何为“有用”。所谓“有用”，不限于为今后5年的经济增长做贡献这样的工具有用性。这样的“效用”逻辑，只限于特定的价值世界，随着历史的发展，价值尺度一定会发生变化。对比经济高速增长期和现在，我们不难发现价值尺度在这几十年的跨度中已经发生了重大改变。在价值尺度发生重大变化时，之前的工具有用性将迅速变得“不再有用”。

因此，真正重要的是创造价值尺度的能力，为此需要批判现有的价值，将我们视为不言自明的价值相对化。文科的知识生产，首先其面对的时间跨度更大，第二其研究对象是我们自身，第三在其根底存在着无目的的游戏性，因此能够从更为普世的视野出发，将同时代的价值相对化，并创造出新的价值。

当然，就现实而言，无论是近几十年的大学政策，还是各大学学部及研究生院教育的现状，抑或是身处其中、窘迫困顿的大学教员的认识及视野，与在此谈论的理想之间，都有着令人绝望的鸿沟。今天大学的堕落，比人们想象的更加严重。这一堕落，至少始于国立大学法人化前后，更长远一些可以上溯到设置基准的大纲化和研究生院重点建设时期，至今已经有十几年的历史了。问题不仅仅体现在大学预算上，还与从大学教职员的意识、大学生研究生的学习态度，到定位“大学”这一存在的日本社会整体状况的恶化密切相关。

但另一方面，笔者也知道有许多教职员以及行政官员，即使身处今天大学严重退化的危机之中，也从未放弃过努力。作为大学教育一线的一名教员，也目睹了在这一艰难时节进入大学的青年之中，不少人有着令人惊叹的杰出才能和对未来坚定不移的信心。谨以此书献给浮现在笔者心中的每一位这样的人。

在结束本书之前，我再做一些说明。本书参照了相当数量的报道文章，其内容大多来自报纸的电子版。如今数码档案库（digital archive）的长足发展，对于涉及广泛研究领域、较长研究时段的学术活动而言，是一大喜讯。本书也深受这一技术进步的恩惠。

本书的核心内容，已经出现在《周刊金曜日》（2015年8月21日）以《大学并非献身于国家，而是献身于“人类的价值”》为题的小文之中。拙文《“人文社会学科无用”，果真如此吗？》也刊登在同年11月号《现代思想》“大学的终结 人文学的消亡”特辑中。本书是基于这些讨论扩充而成。但将围绕一个问题的思考写成一本书并不是一件容易的事，如果没有集英社新书总编辑落合胜人及整个新书编辑部的鼎力支持，常常让编辑欲哭无泪的笔者是绝不可能在数月之内完成这一高难任务的。在此向他们表示衷心的感谢！

就笔者自身而言，完成《何谓大学》后就感到有必要接下去撰写以日本的大学为对象的“战后”篇，以及展望全球的“未来”篇。本书可以说是通向这些续篇的一个中点，如果能在当下混乱的关于大学的讨论中起到一点抛砖引玉的作用，则是笔者的望外之幸。

2016年1月1日

图字:09-2021-597号

图书在版编目(CIP)数据

"废除文科学部"的冲击/(日)吉见俊哉著;王京,史歌译. —上海:上海译文出版社,2022.6 (2025.5 重印)
(译文坐标)
ISBN 978-7-5327-8970-2

Ⅰ.①废… Ⅱ.①吉… ②王… ③史… Ⅲ.①高等学校-学科建设-研究-日本 Ⅳ.①G649.313.3

中国版本图书馆CIP数据核字(2022)第071321号

"废除文科学部"的冲击
[日]吉见俊哉 著 王 京 史 歌 译
责任编辑/张吉人 薛 倩 装帧设计/张擎天

上海译文出版社有限公司出版、发行
网址:www.yiwen.com.cn
201101 上海市闵行区号景路159弄B座
上海市崇明县裕安印刷厂印刷

开本787×1092 1/32 印张7.25 插页2 字数103,000
2022年8月第1版 2025年5月第4次印刷
印数:13,001—15,000册

ISBN 978-7-5327-8970-2
定价:38.00元